《清华管理评论》精选集

领导力

《清华管理评论》编辑部 主编

企业管理出版社
ENTERPRISE MANAGEMENT PUBLISHING HOUSE

图书在版编目（CIP）数据

领导力／《清华管理评论》编辑部主编．－北京：企业管理出版社，2023.10

ISBN 978-7-5164-2901-3

Ⅰ.①领… Ⅱ.①清… Ⅲ.①企业领导学 Ⅳ.①F272.91

中国国家版本馆CIP数据核字(2023)第182805号

书　　名：	领导力
书　　号：	ISBN 978-7-5164-2901-3
作　　者：	《清华管理评论》编辑部
责任编辑：	蒋舒娟
出版发行：	企业管理出版社
经　　销：	新华书店
地　　址：	北京市海淀区紫竹院南路17号　　邮　　编：100048
网　　址：	http://www.emph.cn　　电子信箱:26814134@qq.com
电　　话：	编辑部（010）68701661　发行部（010）68701816
印　　刷：	北京亿友创新科技发展有限公司
版　　次：	2023年10月 第1版
印　　次：	2023年10月 第1次印刷
规　　格：	880毫米×1230毫米　1/32
印　　张：	4.625印张
字　　数：	96千字
定　　价：	48.00元

版权所有　翻印必究　·　印装有误　负责调换

序言

《清华管理评论》是一本致力于传播前沿管理思想，关注企业管理前瞻性和实效性问题，贴近中国企业实践的管理类杂志。以"思想引导变革"为办刊宗旨，以"全球视野、中国根基、政经智慧、人文精神"为刊物特色。

杂志创刊于2011年，恰好是中国移动互联网快速发展伊始。随着技术的不断演进，中国移动互联网以惊人的速度发展，持续扩大的用户规模和日渐丰富的应用场景，给各行各业带来天翻地覆的变化，也为一系列新技术的发展和应用创造需求与场景。商业社会由此进入一个"颠覆性变革"频频发生的时代，易变性、不确定性、复杂性、模糊性成为最常被提及的时代特征。

《清华管理评论》见证了这样一个时代的到来。自创刊以来，刊发大量兼具思想性与实效性的文章，记录正在发生的变革。有的文章用经典理论分析新变化，期望以"不变的本质"理清"变的表象"；有的文章基于新变化发展经典理论，使之具有更广泛的适应性；有的文章从新变化中总结、提炼新的理论和方法，提供新的实践策略和行动指引。

作为一本管理学刊物，《清华管理评论》记录商业世界众多颠覆的故事；作为一种被冠以"传统"二字的媒体，它似乎正是被颠覆的对象。与具有开放性、无限性与即时性的新媒体相比，在这个"多即是对、快即是好"的新时代，一本以月为周期，每期一百多页篇幅，内容以单一的文字形式印刷在纸上的刊物似乎确实是不合时宜的。在新的变化让既有经验及知识体系的可靠性遭到挑战之时，最大限度地获取最广泛的人群发出的最新信息，是否是唯一的正确的选择？恐怕并非如此。摆脱已成为束缚的既有理念及知识体系固然振奋人心，但碎片化的知识、信息及见解若不能重新编织成网，新媒体所承诺的无限未尝不是另一种禁锢，喧哗之后余下的只有噪声。因此，如果仍然对结构化的知识或是系统性的理论抱有期待，包括期刊和图书在内的传统媒体就是有价值的。

"思想引导变革"是《清华管理评论》自创刊之日起就确定的宗旨。对思想性的强调，吸引了一大批对"快节奏""微小叙事"保持警惕的作者。无论是具有深厚学术功底的高校及研究机构的学者，还是具有丰富实践智慧的企业家和管理者，抑或是具有敏锐洞察力的机构专家，不同的身份和背景或许带来了不同的视角，但他们都相信深度思考是构建系统性和结构化知识的关键。因此，他们不满足于对新的实践给出可行与不可行的判断，更试图描述这些判断背后的假设；他们不认为将"新知"驱入具体实践就足够了，而是尝试将其编织到管理学的意义之网中，通过系统地吸收去启发更多的创见。

正因如此，这套由《清华管理评论》创刊以来刊发的文章组成的"精选集"，虽然是"过往"文章的集结，呈现的是过去十余年商业世界的颠覆性变革，以及剧烈变化推动下的管理思想的更迭变迁；但它更是面向未来的、对于"思想性"及"系统性"的追求，使其具有某种牢靠性，可以基于此去定义、理解甚至创造新的变化，在持续的革新中向着目标前进，并保持足够的平稳。

"精选集"包含组织变革、领导力、人力资源、数字时代的管理创新与变革、中华文化与管理、强国战略与管理创新等十余个主题，将陆续出版。

目录

1　危机边缘领导力　路江涌　　　　　　　　　　　　　1

2　共情领导力——数字化时代智能组织管理的新挑战　郑晓明　刘琛琳　　　　　　　　　　　21

3　天才论还是英才说：基于生命全程视角下的领导力发展　刘争光　郑晓明　　　　　　　37

4　敏捷型组织与敏捷型领导力之路　饶晓谦　　　　　57

5　避免责任领导的五大雷区
　　陈昊　龚洋冉　克里斯托弗·米思卡　　　　　　75

6　适商与适应性领导　张勉　　　　　　　　　　　　89

7　领导者如何创造商业与社会的双重价值
　　莫申江　　　　　　　　　　　　　　　　　　　107

8　内隐领导：领导者的暗器思维　李华晶　　　　　117

9　变革领导力应终结"英雄史观"　宁向东　　　　127

1 危机边缘领导力

当今世界,不确定性和不连续性快速上升,外部环境呈现危机四伏的特点,"红利时代"已经结束,"危机时代"已经到来,VUCA[①]成为常态。在这种情况下,个人和组织都应该重视边缘领导力,在危机中提升自身的领导力和危机应对能力,才能领导自己、领导他人和领导组织,行走在危机边缘。

——路江涌 | 文

---

① VUCA是Volatility(易变性)、Uncertainty(不确定性)、Complexity(复杂性)、ambiguity(模糊性)的缩写。

边缘（Edge）

英国小说家威廉·萨默赛特·毛姆在小说《刀锋》(*The Razor's Edge*)开篇引用《羯陀·奥义书》中的一句话："剃刀之刃难以逾越；故智者云，救赎之道亦是如此。"《刀锋》的主旨是，人生就是一次又一次的逾越，艰难如同越过锋利的刀锋。

《刀锋》中的"锋"，英文是"edge"，边缘的意思。"锋"和另一个汉字"峰"字形上非常接近，意义却大为不同。给孩子起名用"峰"的父母，大体上希望孩子将来在各方面都取得成功，站在人生的顶峰；而给孩子起名用"锋"的父母，可能希望孩子将来遇到困难时能够顺利克服，就像刀锋劈开竹子那样。

"峰"和"锋"，一个强调结果，另一个强调过程；一个强调中心，另一个强调边缘；一个强调高高在上，另一个强调游刃有余。如果把这两个字和领导力联系起来，和"峰"相关的领导力可以叫作"高峰领导力"或"中心领导力"，和"锋"相关的领导力可以叫作"刀锋领导力"（玄奘之路商学院戈壁挑战赛发起人曲向东先生创办了刀锋领导力实践中心，此名源于毛姆的《刀锋》）或"边缘领导力"。

关于领导力，网络上有一张广为传播并被反复解读的狼群图片。图片中一共有25只狼，走在队伍最前面的3只狼是老弱病残，全队以它们的步调行进，确保它们不会被落下。接下来的5只狼是队伍中最强壮的狼，一旦遭遇袭击，它们负责保护队伍的前部。接下来的11只是比较普通的狼，它们走在队伍中部，处在始终受到保护的位置。靠近队伍尾部的5只狼也是最强壮的狼，遭受袭击时，它们负责保护队伍的后部。走在队伍最后面的是队长，它要确保没有任何一只狼被落下。

和行进中的狼群类似的是赛艇中选手位置的安排。"八人单桨有舵手"赛艇项目一共有9个人参赛，其中，1~2号位是平船桨，作用是保持艇的平稳向前；3~6号位是动力桨，负责提升艇的行进速度；7号位是副领桨，配合领桨手带动领桨手另一侧桨手的动作协调；8号位是领桨手，是赛艇上每个动作的带头者和协调人；8人之外的一个人是舵手，舵手坐在艇的尾部，负责引领前进的方向，是艇在行进过程中唯一面向终点的人（见图1）。

图1 "八人单桨有舵手"赛艇结构

赛艇比赛中，舵手的作用主要体现在4个方面：把握方向、掌握节奏、技术支持和精神鼓励。

首先，把握方向。八人赛艇的艇身是赛艇比赛中最长的，8位桨手很难做到用力完全协调并保持行进方向的稳定，这就需要舵手来调整方向。在舵手的位置上，艇内侧有舵绳，艇的底部有一个稳舵和一个方向舵,舵手通过舵绳控制方向舵,从而使艇尽量走直线。

其次,掌握节奏。舵手使用舵手指挥仪掌握划桨的频率,使用喇叭指挥桨手在赛艇比赛的全程掌握好节奏、分配好体力和做好最后的冲刺。

再次,技术支持。再有经验的桨手在比赛过程中也可能出现技术动作失误,彼此之间的配合也可能出现问题,舵手可以在桨手出现技术失误时及时提醒,提高团队的整体效率。

最后,精神鼓励。舵手通常会用富有激情的口号鼓励桨手最大程度地发挥自己的水平,特别是在冲刺阶段桨手们都处于缺氧状态,舵手的鼓励可以很大程度地提高团队的士气。

从狼群行进和赛艇比赛的例子中可以看出,领导的位置往往不是在团队的中央,而是在团队的边缘。头狼走在行进狼群的最后,舵手和领桨手坐在赛艇的最后,都是为了更好地掌控方向、把握全局、预防危机,成为高效的边缘领导者。

沙克尔顿的危机领导力

历史上,一位探险家曾4次前往南极探险,却没有一次成功,但这并没有妨碍这位探险家成为人类历史上最伟大的探险家,这位探险家就是欧内斯特·沙克尔顿。沙克尔顿的伟大不在于他取得了前人没有取得的探险成就,而在于他在探险过程中展现出的危机领导力。

管理学大师C.K.普拉哈拉德曾把优秀的领导者比作牧羊犬,

好的牧羊犬必须遵循3个原则：第一，可以拼命吼叫，但不能咬羊；第二，必须走在羊群的后面，不能跑到羊群的前面；第三，必须知道前进的方向，并且不能让任何一只羊掉队。

沙克尔顿的危机领导力和普拉哈拉德描述的牧羊犬非常类似：第一，他对探险队队员严格要求，始终把队员的利益放在第一位；第二，他在探险过程中总能够统揽全局，确保每一位队员都能跟得上行进速度，而在需要冒险的时候他又能冲在最前面，为其他队员寻求生机；第三，他总能够根据实际情况调整目标，找到最适合前进的方向，经过与大自然700多天的殊死搏斗，带领"坚韧号"探险队全部队员生还。

沙克尔顿于1901年进行第一次南极探险，失败后，于1909年进行第二次南极探险，距离南极点只有97英里（约156千米），但功败垂成，不得不返回。1914年9月5日，沙克尔顿第三次向南极进发，率领英国皇家南极洲探险队的27名成员乘坐"坚韧号"从南大洋的南乔治亚岛起航，他们这次的目标是横穿南极大陆。1915年1月，当"坚韧号"距南极大陆仅60英里（约97千米）的时候，被海上的浮冰像钳子一样紧紧地夹住了。在随后的9个月里，"坚韧号"随着浮冰漂流1100千米，远离了南极大陆。1915年10月27日，探险队弃船后住在浮冰上的帐篷里。1915年11月21日，"坚韧号"桅杆倒塌，沉入海底。

1916年4月9日，沙克尔顿下令救生艇起航寻找陆地。6天后，他们踏上了只有100英尺（约30米）宽、50英尺（约15米）高的大象岛。由于队员健康状况下降，食品供应也在减少，沙克尔顿决定出发寻求救援。他选了5名队员跟他一起乘坐救生艇，穿越被称为"好望角碾压机"的地球上最为凶险的1300千米长的水域，目的是到南乔治亚岛的捕鲸站求救。16天后，精疲力尽的水手们登上了南乔治亚岛，但登陆地点距离捕鲸站还有47千米，中间还隔着多座高达3000米的山峰和冰川。最后，沙克尔顿和伙伴克服难以想象的艰难，用时三天三夜翻越山峰冰川，到达捕鲸站。

2天后，体力尚未恢复的沙克尔顿急不可待地借船，开往大象岛营救留在那里的22名船员。然而，由于风浪太大，前三次营救都失败了。1916年8月30日，第四次尝试后，沙克尔顿成功救出22名队员，创造人类历史上绝境重生的伟大壮举（丹尼斯·珀金斯，《沙克尔顿的领导艺术》）。

沙克尔顿的危机领导力包括"危""机""领""导"4个方面（见表1）。"危"意味着领导者要不惧风险，有能力带领团队行走在危险边缘；"机"要求领导者能够永不言弃，能够率领团队走向胜利边缘；"领"是引领的意思，"导"是疏导的意思，二者侧重有所不同。

"领"包括自信坦诚、保持积极、树立榜样、使命目标等4个方面。领导者自信坦诚就能够传递乐观自信的信号，把团队从怀疑边缘拉回来；领导者保持积极，才能够帮助团队保持活力，避免团队进入消沉边缘；领导者能够以身作则，树立个人榜样，才能够在危机中给团队指明方向，避免团队进入迷茫边缘；领导者牢记长期使命，并能够不断修正短期目标，才能带领团队脚踏实地地克服危机中的不连续性。

"导"包括彼此尊重、兼容并包、苦中作乐和团队一体等四个方面。领导者倡导彼此尊重的团队文化，能够消除团队成员的地位差距，营造彼此相互尊重的氛围，避免团队进入歧视边缘；领导者做到兼容并包，包容团队内部的不同声音，才能够保持团队的活力，避免团队陷入内斗边缘；领导者苦中作乐，在困难的时候通过仪式感、助人、乐观的文化，能够帮助团队成员克服危机中的痛苦；领导者强调团队观念，强化命运一体的信念，才能够把团队成员聚集在一起，避免团队分裂。

表1 沙克尔顿的"危""机""领""导"力

分类	关键词	危机领导力原则	边缘
危	不惧风险	领导临危不惧，勇于担当风险	危险边缘
机	永不言弃	目标永不放弃，力争最后胜利	胜利边缘
领	自信坦诚	传递乐观自信，坦诚实事求是	怀疑边缘
领	保持积极	保持积极活力，不要消极自责	消沉边缘
领	树立榜样	示范正确行为，树立个人榜样	迷茫边缘
领	使命目标	牢记长期使命，修正短期目标	迷失边缘
导	彼此尊重	消除地位差距，彼此互相尊重	歧视边缘
导	兼容并包	避免组织内耗，包容不同声音	内斗边缘
导	苦中作乐	学会苦中作乐，注重仪式庆祝	痛苦边缘
导	团队一体	强调团队观念，强化命运一体	分裂边缘

领导临危不惧，勇于担当风险。"坚韧号"的船长弗兰克·沃斯利在评价沙克尔顿时说："他是我所见过最勇敢的人，但他从来不是有勇无谋。必要时他会承担最大的风险，但他总是会用最慎重的方式处理问题。"沙克尔顿清楚地知道，南极探险中危险无处不在，必须用最谨慎的态度来对待哪怕看似最细微的问题。例如，坏血病是当年探险活动中的高发疾

病，致病原因是船员在长期探险过程中缺乏维生素。沙克尔顿吸取了自己第一次南极探险的教训，雇人把酸橙汁封装成药丸。他还发明了由多种原料制成的"合成蛋糕"，一片就能提供将近3000卡路里的热量。他还购买了用最新技术制作的极地服装，包括毛皮衬里的睡袋、坚固的帐篷等。这些物资花掉了沙克尔顿非常紧张的经费中的一大部分，但对后来探险过程中船员绝处逢生起到至关重要的作用。

我们从沙克尔顿的这些行为可以看出他具有危机意识，能够敏锐地察觉所面临的风险。自然界中的探险者不仅要有危机意识，企业领导者也要常常保有危机意识，清楚地知道自己是否行走在危险边缘。例如，任正非在2001年写了《华为的冬天》，他说："10年来我天天思考的都是失败，对成功视而不见，也没有什么荣誉感、自豪感，而是危机感，也许这样才存活了10年。"在华为的发展过程上，任正非不断强调危机意识，经常发表相关文章，如1998年的《华为的红旗到底能打多久》、2000年的《活下去，企业的硬道理》、2001年的《北国之春》、2007年的《要快乐地度过充满困难的一生》等。

目标永不放弃，力争最后胜利。沙克尔顿进行第三次南极探险时所乘坐的船被命名为"坚韧号"，其来源于他的家训"坚韧就能赢"。坚韧意味着韧性地坚持和永不放弃。在沙克尔顿带领5名队员前往南乔治亚岛的捕鲸站求救的过程中，他们的救生艇没能直接抵达目的地，而是在距离捕鲸站47千米的地方靠了岸，在他们和捕鲸站之间有多座高达3000米的山峰和冰川。沙克尔顿带着2名身体状况比较好的队员出发了，横在他们面前的是5座并排的山峰,山峰之间有一些隘口,似乎可以通向山脉的另一侧。他们便向最近的隘口进发,爬上去之后发现没有下去的路,只好返回尝试第二个隘口,直到他们到达最后一个隘口,才找到了下山的路。

正是沙克尔顿不懈的坚持才让他克服了常人难以想象的困难,有人在20世纪80年代尝试重复沙克尔顿穿越南乔治亚岛的路径,却发现即使拥有现代化的设备也很难完成这个挑战。2019年,华为面对来自美国政府的系统性打压,记者问任正非"公司是否到了最危险的时候?"任正非回答:"在我们没有受到美国打压的时候,公司是到了最危险的时候。员工惰怠,大家口袋都有钱,不服从分配,不愿意去艰苦的地方工作,是危险状态了。现在我们公司全体振奋,整个战斗力在蒸蒸日上,这个时候我们怎么到了最危险时候?应该是在最佳状态了。"可见,面对危机能够取得胜利不在于拥有的资源和客观条件,更在于具有坚强的意志和永不放弃的精神。

传递乐观自信,坦诚实事求是。第三次南极探险过程中,沙克尔顿在探险队700多天的艰苦历程中,始终保持着乐观精神,这是能够维持士气的关键因素。一位船员事后评价沙克尔顿:"他经久不衰的乐观态度,令我们这帮沮丧的人受益匪浅。尽管他本人也很沮丧,而且我们都对当前的灾难心知肚明,但他却从未表现出来,只是极力展现幽默和希望。"

与很多卓越的领导者一样,沙克尔顿的乐观精神帮助他的团队克服了危机中的种种困难,把团队从怀疑边缘拉回来。所以说,卓越的领导者往往都有自己"扛事儿"的能力,正如华为轮值董事长徐直军说的那样："创立华为以来，老板把无数的压力都自己扛了下来，不让恐惧传导到团队和员工，有时候危机过去了我们才知道。更重要的是，老板是天生的乐观主义，形势不好时他总在讲'前途一片光明''潇洒走一回'，形势好时他又总是喊'狼来了''冬天到了'。"

保持积极活力，不要消极自责。沙克尔顿招聘探险队员时，非常看重候选人积极乐观的品质。他认为一个人能够承受潜在的危险且坦然面对困境，是探险队员的重要素质指标，那些展现出乐观与幽默感的人比较容易通过他的面试。当沙克尔顿选出5个人同他前往南乔治亚岛求援时，他不仅考虑哪些人更适合和他一起出发，而且考虑哪些人更适合留在原地忍受遥遥无期的等待和寂寞。

探险本身并不总是意味着惊喜，还可能代表着无尽的孤独和寂寞，商业冒险也常常给人带来悲观情绪。作为一个优秀的领导者，不仅要自身保持乐观，而且要有能力帮助团队成员克服悲观情绪，鼓励他们以乐观向上的态度面对困难。2007年前后，很多华为员工面临较大的工作压力，不少人患上了忧郁症。任正非看到这个现象，写下了《要快乐地度过充满困难的一生》一文。他说："人生本来就很苦，何必还要自己折磨自己。有些东西得到时不珍惜，失去方觉悔恨。"在很多情况下，正是优秀领导者这种积极向上的态度把很多员工从消沉边缘拉了回来。

示范正确行为，树立个人榜样。一个优秀的领导人，往往能够以身作则，为团队树立榜样。当"坚韧号"即将被浮冰压垮，沙克尔顿下令弃船时，他要求队员扔掉任何不必要的东西，不论其价值如何。说完这些话，他从皮衣中掏出一个金质的烟盒和其他几个金质纪念品扔到了雪地里。

一个领导者是否具有领导力，尤其是他的领导力在危急关头是否会打折扣，不仅取决于他怎么说，更取决于他怎么做，领导者要以身作则。2018年1月，任正非签发了一份公司文件，内容如下：由于部分经营单位发生了经营质量事故和业务造假行为，经董事会常务委员会讨论，对公司主要负责领导问责，并通知公司全体员工。处罚结果：对任正非罚款100万元，对郭平、徐直军、胡厚崑、李杰等责任人分别罚款50万元。在这次内部自我批判和反省中，任正非还做了"烧不死的鸟是凤凰，在自我批判中成长"的讲话。他表示：只有改掉缺点与错误，华为人才能变成伟大的战士。

牢记长期使命，修正短期目标。从1914年8月到1916年8月，沙克尔顿探险队在海上经历了700多天的磨难才重回文明世界。在如此长的时间内，如果没有长期目标人们是无法坚持下来的。同时，由于长期目标达成的遥遥无期，需要众多短期目标支撑。出发时，沙克尔顿探险队的目标是横穿南极大陆。然而，随着"坚韧号"被浮冰困住进而沉没，沙克尔顿的目标不得不调整为确保每个探险队员安全生还。沙克尔顿写道："人必须向新目标努力，而让旧目标彻底消失。"为了完成带领队员生还的目标，沙克尔顿积极行动，当"坚韧号"快要沉没时他下令弃船，带领队员拖着沉重的救生艇在冰上前行，但这个行动很快失败了。于是沙克尔顿决定就近建立宿营地，等待时机再乘坐救生艇出发。可以看到，沙克尔顿在整个过程中都在不断地调整短期目标，以促进长期目标的达成。

长期目标和短期目标之所以重要，是因为人们经常会在前进的过程中迷失方向。《西游记》师徒四人中唐僧降魔除怪的本领最差，但正因为他有坚定地去西天取经的长期目标，才成为领导者。类似地，孙悟空正是凭借高超的降魔除怪的本领，能够实现短期目标，才成为大师兄。如果我们把长期目标看作理想主义，把短期目标看作现实主义，任正非就是一个理想主义与现实主义的结合体。他在2018年的一次讲话中说："我们要承认现实主义，不能总是理想主义，不能为理想等啊，等啊。我们要在攀登珠峰的征程中沿途下蛋。"任正非举例说，无人驾驶就是爬珠峰，爬山过程中要能够把孵化的技术应用到各个领域中，兼顾长短期目标。可见，伟大的探险者之所以能够达成长期目标，是因为他们心中有明确可实现的短期目标，能够一次又一次地把团队从迷失边缘拉回来。

消除地位差距，彼此互相尊重。一个团队之所以能够在艰难的环境中生存，往往不是因为团队中的个体多么强大，而是因为团队成员之间相互信任、彼此帮助。在沙克尔顿进行南极探险的时代，英国社会的等级制度还非常严格，人们的社会地位相差很大，这非常不利于探险队队员取得彼此的信任。沙克尔顿要求所有官员、科学家和水手共同分担船上的脏活累活。英国陆军少校奥德里斯一开始很难抛开社会地位的优越感，但一段时间后他承认，共同劳动可以很好地打消队员之间的不信任情绪。

2019年9月，阿里巴巴升级了使命愿景和价值观，提出了"新六脉神剑"，其中一条是"因为信任，所以简单"。阿里员工自称"小二"，互称同学，大家叫马云"马老师"，阿里最初传承的其实就是单纯、信任的师生文化。阿里员工都叫花名，体现的也是平等。1997年，"华为基本法"起草小组中的一位教授曾问任正非："人才是不是华为的核心竞争力？"任正非回答："人才不是企业的核心竞争力；对人才进行有效管理的能力才是企业的核心竞争力。"

避免组织内耗，包容不同声音。由于需要留在英国继续筹款，沙克尔顿没有和"坚韧号"一起从英国出发，当他和"坚韧号"会合时，发现船长弗兰克·沃斯利基本无力维持船上的纪律。沙克尔顿决定重新制定船上的组织架构，削弱船长的自由裁量权，并解雇3名酗酒或违规的船员。虽然沙克尔顿管理非常严格，但他与队员的交流方式是平易近人的。船上医生麦克林回忆道："他会非常和蔼地与你交流，询问你的个人情况，喜不喜欢探险，最喜欢哪方面的工作等。"沙克尔顿的副手瓦尔德是一位善于倾听的人，每当队员向他投诉别人的问题时，他都耐心倾听和解决问题。瓦尔德的平易近人帮助沙克尔顿与队员保持了一定的距离，从而维护了他的权威性。

威廉·大内在《Z理论》中提出，自我批判有利于企业内部建立相互信任的关系，能够帮助企业内部的微妙关系向有利于企业战略的方向发展。由于员工心甘情愿地暴露缺点和错误，他们愿意相互信任并开展合作。在华为的成长过程中，任正非反复强调华为为什么要进行自我批判。他在1995年《目前我们的形势和任务》讲话中说："一个高度团结、能展开批评与自我批评的领导班子是企业胜利的保证。"1998年，任正非在《在自我批判中进步》文章中指出："一个企业长治久安的基础，是它的核心价值观被接班人确认，接班人具有自我批判能力。"所以说，一个组织的发展必须能够避免内耗，团队成员在批评与自我批评中相互信任，把组织从内斗边缘拉回来。

学会苦中作乐，注重仪式庆祝。人们在危险中很容易因惊慌失措而丧失斗志，沙克尔顿为了让探险队队员在艰难的环境中找到乐趣想尽了办法。1915年12月5日，这一天探险队出发整整一周年，他们被困浮冰上，过着艰难的生活。沙克尔顿意识到这一天的意义，知道如果不对这一天的特殊性进行一番庆祝队员们会非常失落，于是他放假一天，举行各种活动庆祝他们离开南乔治亚岛一周年。

2003年非典时期，阿里巴巴一位员工确诊SARS，全公司于5月7日进入居家隔离状态。由于阿里巴巴员工居家办公准备充分，客户并没有察觉到阿里业务有任何异样。更重要的是，2003年5月10日淘宝网页面成功上线。2005年阿里巴巴把5月10日定为"阿里日"，每年的这一天都会邀请员工家属参观了解公司，更有众多阿里员工选择在这一天举行集体婚礼。"阿里日"就是把困难时期的记忆用仪式记录下来、固定下来、形成组织文化的典型动作。

强调团队观念，强化命运一体。沙克尔顿带领5位队员离开大象岛前往南乔治亚岛求救的过程中，他们遇到了前所未有的挑战。一艘只能容下6人的救生艇不断地进水、结冰。沙克尔顿将团队6人分为两组,每4小时轮流值班或休息一次。每次轮值后,3个人躲进睡袋休息,值班的3个人中,一个人开船,另外2个人往船外舀水,每小时轮换一次。6人凭借顽强的意志和团队精神,十几天航行1300千米,真正做到命运一体和同舟共济。

相比2003年的非典,2020年的新冠疫情使更多企业陷入困境,餐饮、旅游等行业遭遇前所未有的打击。在危机面前,一些企业的团队垮掉了,但一些企业的团队经受住考验,得到了提升。深圳有一家烧烤店叫作木屋烧烤,创始人隋政军2月1日在朋友圈转发了一篇《餐饮业告急!账上几个亿的行业龙头也快扛不住了》的文章。几分钟后,木屋烧烤华北地区财务总监胡玉兰就读到了,胡玉兰意识到公司的经营也陷入了困境,于是给隋政军发了一条微信:"需要的话,自愿工资减半。"隋政军把对话的截图发到朋友圈,说:"多好的伙伴,自己支撑一个大家庭,还能想到为公司分忧。"随后,木屋烧烤的高管纷纷表态,愿意和公司同甘苦、共患难,一场自下而上的员工请愿减薪运动就开始了。木屋烧烤的案例表明,危急关头团队必须依靠集体力量,才能战胜困难转危为安。

VUCA时代的边缘领导力

领导力理论认为,领导力通常来自法定权力、强制权力、奖赏权力、专家权力和感召权力5个方面。法定权力指的是领导者在组织中的职位,职位越高权力越大。强制权力来自领导者惩罚他人的能力,而奖赏权力来自领导者给予他人奖励的能力。专家权力就是知识的力量，领导者可以通过自己在特定领域的专长来影响别人。感召权力来自领导者自身的魅力和吸引力，具有感召力的领导者可以让他人心甘情愿地追随自己。

传统组织的日常管理中，领导力往往来自法定权力、强制权力和奖赏权力。然而在危机环境里，来自这三类权力的领导力会大幅下降，原因在于领导者手中所掌握的资源减少了（见图2）。假如沙克尔顿的探险队没有遇到危机，而他手里掌握着大量的资源，那么他就可以凭借自己作为探险队队长的法定权力，以及手中资源带来的强制权力和奖赏权力来约束和激励队员。然而，探险队出发不久就被浮冰困住，沙克尔顿手里的资源快速消耗且无法得到补充。随着物资的消耗殆尽，他很难再从强制权力和奖赏权力方面获得领导力，作为队长的法定权力也被削弱。但是，沙克尔顿之所以能够带领探险队起死回生，是因为他的领导力主要来自专家权力和感召权力。沙克尔顿作为探险队中少数几个有着南极探险经验的人，拥有无可争辩的专家权力。此外，他所展现出的乐观、积极、坚韧、顽强、关爱的个人特质给他带来强大的感召力，探险队队员都心甘情愿地追随他。即使危机重重，但是沙克尔顿来自感召权力和专家权力的领导力随着环境恶化反而上升。

图2 领导力的不同来源在危机中的变化

从沙克尔顿的故事里，我们可以得出一个观点：组织面对危机时，领导者需要弱化自己的法定权力、强制权力和奖赏权力，强化自己的感召权力和专家权力。例如，在2020年的新冠疫情中，钟南山院士作为国家防控专家组的一位普通成员，法定权力、强制权力和奖赏权力都非常有限，但他凭借自己的精湛医术（专家能力）和强大人格的感召力（感召能力），赢得全国人民乃至世界人民的尊重。再如，"老乡鸡"创始人束从轩面对疫情带给公司的冲击和员工自愿减薪的联名信，没有运用自己的法定权力、强制权力和奖赏权力，而是在公众面前手撕联名信，随后召开公司向全国扩张的战略发布会，在公司内外部放大他的感召力。

由于传统的领导力主要来自法定权力、强制权力和奖赏权力，所以很容易形成以领导者为中心的领导力模型，表现在组织以领导者为中心形成组织结构，进行组织管理，塑造组织文化。这类以领导者为中心，以法定权力、强制权力和奖赏权力为领导力来源的领导模式在危机中往往受到巨大挑战。

以沙克尔顿为例，他的领导力主要来自对危险的坦然态度、对机会的永不放弃，引领团队前进的自信坦诚、保持积极、牢记使命和树立榜样的个人魅力，以及帮助团队形成的彼此尊重、兼容并包、苦中作乐、团队一体的组织风格。沙克尔顿领导力的10个组成部分（见图3），全部来自他的专家权力和感召权力，没有一个来自他的法定权力、强制权力和奖赏权力。

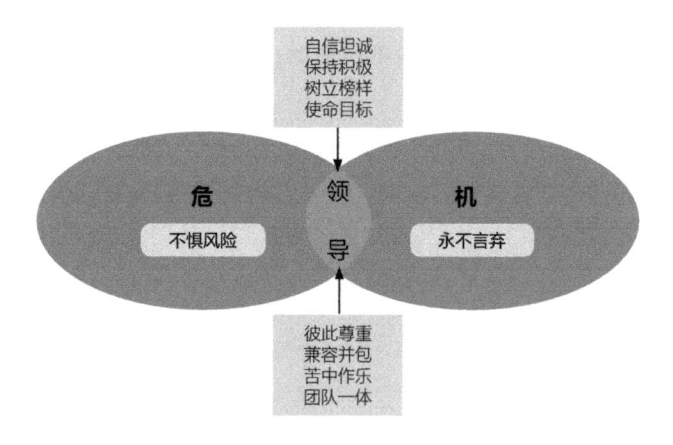

图3 边缘领导力，边缘即中心

如果说危机中的组织和领导者都"行走在危机边缘"，那么，领导力必须在危机中从组织中心转移到组织边缘，从高高在上的管理者手中转移到一线员工手中,从组织内部转移到与组织密切相关的利益相关者手中。正是基于这样的逻辑,华为才会提出"让听得见炮声的人呼唤炮火",阿里也才会提出"客户第一、员工第二、股东第三"。

我们可以从"危"和"机"两个维度分析危机下的边缘领导力。如图4所示,机会代表着找到发展方向的重要性,危险代表着实现路径的困难性,机会和危险都有高和低两种状况。从图4中,可以得出一个危机边缘领导力的EDGE模型。

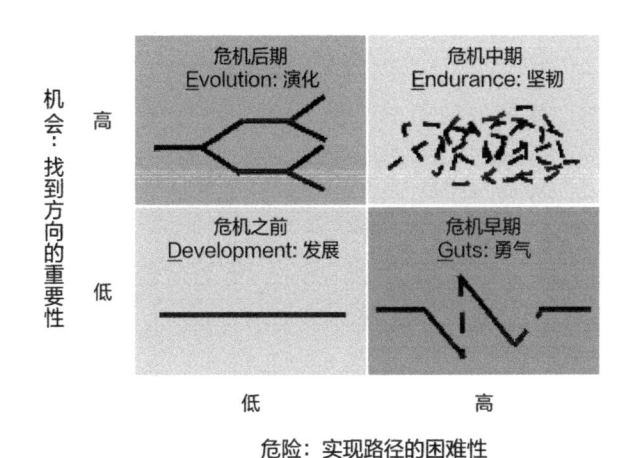

图4 EDGE模型,危机边缘领导力

当危险程度比较低,且寻找未来新机会的重要性也比较低的时候,危机尚未发生。这种情况下,组织可以沿用正常情形的"发展领导力"模型(Development),通过组织文化建设发展员工的团队领导力。

当危险程度提高(进入图4右下角象限),危机开始了。在危机早期，组织会经历比较大的不连续性的冲击。例如，沙克尔顿的"坚韧号"被浮冰困住，动弹不得。在这种情况下，领导者需要拿出的是不畏艰险的勇气（Guts）和乐观向上的精神。

随着危机的发展（进入图4右上角象限），危机深化了。在危机中期，组织不仅面对较大程度的不连续性，而且面对很大程度的不确定性。例如，沙克尔顿的"坚韧号"在被浮冰困住10个月之后沉入海底，探险队失去了可以躲避极端恶劣天气的庇护所，只能随着浮冰漂流，乘坐救生艇在惊涛骇浪中搏击，以寻找一块可以安身的陆地。在这种极端情况下，沙克尔顿家族的信条"坚韧"（Endurance）发挥极其重要的作用。

随着危机的继续发展（进入图4左上角象限），危机消退了。在危机后期，组织仍然面对较大的不确定性，但不连续性相对下降。例如，当沙克尔顿带领27名船员回到文明世界之后，他的领导力的影响并没有消失，而是随着船员个人的成长而演化（Evolution），随着他们英勇故事的传播而扩散，影响了一代又一代的探险家，甚至企业家。

结语

当今世界，不确定性和不连续性快速上升，外部环境呈现危机四伏的特点，"红利时代"已经结束，"危机时代"已经到来，VUCA成为常态。在这种情况下，个人和组织都应该重视边缘领导力，在危机中提升自身的领导力和危机应对能力，才能领导自己、领导他人和领导组织，行走在危机边缘。

2 共情领导力——数字化时代智能组织管理的新挑战

数字化时代对共情的需求和呼唤比以往任何时候都强烈,共情领导力由觉知力、沟通力、包容力、信念力、学习力五种力量构成。共情领导力对管理者在把握企业内外部的人性,洞悉人的情绪和情感需求,打造以人为核心的组织生态圈等能力方面,提出诸多挑战。

——郑晓明 刘琛琳 ｜文

在VUCA（易变性、不确定性、复杂性、模糊性）时代，很多组织都面临着一个问题：如何在充满竞争、动荡的环境中生存和发展？正如《易·系辞上传》说："生生之谓易。"当今世界唯一不变的就是变！"易"就是天地万物生生不息的变化，组织形态也处于不断变化与进化中。

回望历史，人类发展进程中每次工业革命都推动组织形态的进化，也都对组织管理的领导模式提出新的挑战。

第一次工业革命，随着珍妮纺纱机和瓦特蒸汽机的出现，组织形态由手工作坊变为"工厂"。领导者主要凭借个人经验和师徒制等方式管理工厂。

第二次工业革命，随着发电机和灯泡的发明，人类进入电气时代，组织形态进化至以科层制为特点的"公司"。领导者主要以规章制度、领导—下属利益交换等方式管理公司。

第三次工业革命，随着原子能和电子计算机等领域取得的突破性进展，组织形态进化为真正意义的"企业"。领导者主要以权变式领导、教练式领导等方式组织和管理企业，致力于灵活运用不同的管理措施。

第四次工业革命，伴随着互联网的迅猛发展，组织形态进化为"平台型组织"。领导者通过对员工进行授权和赋能，提高组织效率。

目前，人类社会已进入第四次后工业革命时代。随着大数据、人工智能、区块链、物联网、5G网络等技术的全面突破，人类进入"万物互联"的数字化时代。组织形态也进化到最新兴的发展阶段，即"智能组织"阶段，它以"自组织"的方式运行，从而更高效和敏捷地应对外界变化。

智能组织与前四次工业革命中组织形态不同的是：前四次的组织形态均基于组织内部，以提升组织效率为主要目标；而智能组织打破组织边界，开始扩展到组织外部甚至周边所有利益相关者，且以人和组织协同发展为主要目标。这种组织无边界化强调的是自组织敏捷管理，即在不存在组织外部特定干预和组织内部统一控制的条件下，通过数字化技术，使得每个人都有主导自己以及追随他人的自主性和自我空间。

管理是"知行合一"的科学，如果说当今数字化时代下不确定性的环境是"知"，那么智能化自组织管理方式作为"行"正在成为诸多企业的新现实。不论是海尔的"三化"（组织平台化、用户个性化、员工创客化），华为的"铁三角"，还是韩都衣舍的"产品小组"，阿里巴巴的"健康码团队"，都是企业对自组织管理模式"行"的探索和实践。

智能组织需要共情领导力

数字化时代的智能组织形态，主要以自组织的形式进行管理。自组织强调以人为核心，顺应人性实现自驱动和自演化，注重人与人之间的连接。《论语·学而》说"不患人之不己知，患不知人也"。人与人之间的连接要通过共情。这就要求领导者通过对人性的把握以及对情绪情感的理解和共鸣，将人与人连接起来，从而实现人和组织的协同共进。这就要求领导者具有共情领导力。

共情领导力在数字化时代扮演着重要角色。2014年2月，纳德拉出任微软CEO，接手当时被外界称为"没落帝国"的微软公司。几年来，纳德拉凭借出色的共情领导力，帮助微软扭转局面，带领微软重回巅峰。纳德拉表示，"正是同理心成就了今天的我。如果没有办法做到共情和同理心，微软就没有未来"。纳德拉的共情领导力赋予微软这个组织协同发展的生命力。

《道德经》第二十二章有言："夫唯不争，故天下莫能与之争。"这句话对于企业管理的意义在于，企业竞争的关注对象不应该是自己的竞争对手，而应该是"自己"——自己的员工和用户。"得人心者得天下"，因此数字化时代下的企业领导者不仅需要与员工共情，还需要与客户共情、与社会共情。

2020年，阿里巴巴在新冠疫情中的表现，充分体现了这种数字时代自组织管理的共情领导力。阿里巴巴的杭州健康码，是由政府、阿里团队，以及社会上的企业和居民共同组成的自组织开发出的一款产品。该产品从政府提出需求，到正式投入使用仅仅花费四个小时，组织效率远远超出传统的组织形态。这成功，一方面得益于数字化时代的研发能力和创新能力，更重要的一方面在于该团队对用户需求进行高频的、广度的、深度的洞察。这种需求的洞察正是基于组织与用户的共情。

近年来，越来越多的学者探讨共情在现代组织管理和领导力方面的重要性。学者Young等通过实验研究证实，当领导给下属一些负面反馈时，如果下属感受到领导表现出的共情性关心（Empathic Concern），那么负面反馈对下属的消极影响就会减弱。该实验同时证实领导者共情对领导者自身晋升也能产生积极影响。

此外，学者Kock等在一项实证研究中，证实共情领导力会正向影响下属的工作满意度和创新表现。

共情领导力究竟是什么

共情领导力的概念是以"共情"为基础提出的。因此，只有深刻理解共情的内涵，才能准确理解共情领导力的含义。

著名动物学家弗朗斯·德瓦尔在其著作《共情时代》中提出，共情是专属于人类的演化分支。人之所以为人，是因为在演化过程中学会了换位思考，学会了为别人着想，从个体变成群体。

共情（Empathy）也称同理心，是指理解他人信念、意图及情绪和情感并感同身受的能力。具体而言，共情包含认知共情和情感共情。

认知共情，是对他人情绪的识别和分析，从而理解他人思维和感受，是一种能站在他人角度思考和看待问题的能力；情感共情，是对他人情绪状态的感同身受，并做出情感反应的能力。

由此可见，共情是个体与他人建立连接的基础，也是人际能力中最为核心的成分。某种程度上说，共情促进人和人连接的建立。领导力作为一种人际影响力，是在与他人互动的过程中形成的。因此领导力的人际特征强调个体对他人或集体需求的敏感性以及与他人关系的建立，强调集体中的情感连接和合作共事，以达成共同目标。

基于此，在数字化时代自组织管理背景下，领导者需要基于共情充分发挥领导职能，实现组织的协同发展。

结合数字化时代自组织管理所具有的以人为核心的特征，笔者对共情领导力做出如下界定：共情领导力，作为数字化时代自组织管理背景下的关键领导素质，是个体基于对他人处境的觉知、情绪的理解和情感的共鸣，通过有效的情感沟通，将组织中的人与人紧密连接，形成"同呼吸、共命运、心连心"的情感和利益共同体，从而实现人和组织协同共进发展的过程。

我们需要从以下三点深刻理解共情领导力的内涵。

第一，共情领导力区别于领导者的共情能力。领导者的共情能力与共情领导力两者间存在诸多不同。一方面，共情领导力的内涵比领导者的共情能力更丰富。领导者的共情能力是领导者诸多胜任力素质中的一种，是对他人情绪情感的理解和感受的能力。但共情领导力是从把握人性出发，以共情能力为基础，把组织连接成情感共同体，实现人和组织协同发展的综合素质，同时，包括领导者基于此目标开展的一系列领导行为和策略。另一方面，两者的适用对象不同。领导者的共情能力仅适用于已经具有领导者正式职位的个体，而共情领导力不再只属于领导者，而是人人都可以拥有的能力素质。在数字化时代自组织管理背景下，共情领导力的这一特点尤为明显。

第二，共情领导力比其他领导力更适用于现代组织形态。从第一次工业革命时代到第四次后工业革命时代，为适应组织发展，领导力理论不断发展与蜕变。20世纪70年代后期出现新兴领导力理论，如领导—成员交换关系（Leader‐Member

Exchange，LMX）、交易型领导（Transactional Leadership）等，虽然关注领导力中的关系因素，但更多强调领导与下属之间的利益交换关系，缺少对人与人之间情感的互动和连接的关注；21世纪以来出现的分布式领导力、共享型领导等理论，更多的是着眼于打破传统的组织层级、提升组织效率，对组织中"人"的因素关注依然不够，并且不能反映情感共同体的组织特点。在新兴领导力理论中，即便有理论关注到人的重要性（如服务型领导），但对组织与员工协同发展的强调不够。共情领导力强调的是，关注人并建立情感共同体，实现组织和员工协同发展。这一理念更符合数字化时代自组织管理的倡导和需求。

第三，共情领导力是逐渐涌现的。学者Day等在2009年提出，领导力发展是一个逐渐涌现的过程。领导力涌现过程，是一个人表现出领导力，被他人察觉出来，并当作领导者的过程。领导力涌现针对的是团队中的任何人，每个人都可以在团队中施展自己的领导力，并被他人感知。共情领导力亦符合领导力涌现的过程，即个体出于共情（认知和情感），涌现出领导力，被他人察觉和发现，并被认可为共情领导者的过程。

共情领导力究竟包括哪些内涵呢？笔者通过对以往文献的梳理及案例分析整理出共情领导力的"五力模型"（见图1）。共情领导者，首先需要对自身和外部世界进行良好的"觉知"，体察和感受他人的情绪；然后通过"沟通"与他人联结；接着通过"包容"用其所长纳其所短；再通过"信念"与大家使命共行；最后通过"学习"，促进企业在数字化时代不断迭代与发展。

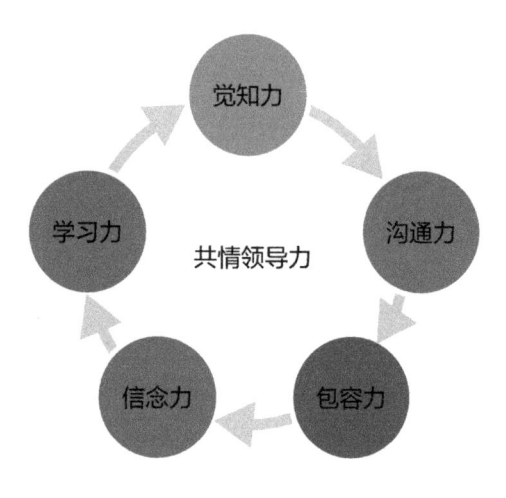

图1 共情领导力"五力模型"

共情领导力"五力模型"的内涵阐述如下。

觉知力。觉知力是对自身和他人的情绪和情感变化保持高度敏锐的一种能力。哈佛大学医学院知名教授亚瑟·乔拉米卡利（Arthur Ciavamicoli）在其《共情的力量》一书中说道："共情能提高我们对周围世界的觉知力，让我们知道如何全然又全心地生活。"老子云"知人者智，自知者明""自知不自见，自爱不自贵"。觉知力首先表现为清晰的自我意识、自我认知，保持一颗正念心；其次要能够准确感知他人的情绪，对他人的情感产生共鸣。

沟通力。基于觉知力，在感受到自身和周围的世界后，共情领导者还要掌握沟通力。沟通力指的是共情式沟通，即用心倾听，表达感受，建立情感联结。学者费舍（Fisher）在1981年提出，沟通对组织起到至关重要的作用。共情式沟通的本质不在于信息的发送者，而在于信息的接收者，其要时刻注意对方的想法。特别是在数字化时代，环境的不确定性是常态化，共生共享是企业发展的主题，因此领导者的沟通力格外重要。沟通的最大作用就是激励。例如，在新冠疫情中，大唐商旅的CEO黄亮时刻关注员工的想法，深刻体会到这次疫情给员工带来的不确定感，基于对员工的共情，用一封激励人心的信告知员工他的想法，通过这种沟通方式展现其卓越的共情领导力。

包容力。在有效的共情式沟通后，共情领导者还需要理解和包容一切。包容力指的是接纳对彼此的需要，深度理解人性的能力。心理学家莎拉·霍奇（Sara Hodges）和丹尼尔·韦格纳（Daniel Wegner）把共情的过程比作登山，"登山和共情都是很艰难、需要很努力的任务。我们想要成功登顶，既需要有足够多的扶手和路标来指引，还有赖于我们为坚持攀爬而付出的努力。"共情的"扶手和路标"指的就是包容力。例如，微软纳德拉在Salesforce会场中拿出iPhone Pro。纳德拉笑着说："我将首先在这部iPhone上进行演示，这不是我的手机，仅仅是一部iPhone。事实上，这还是一部比较特别的iPhone，我更愿意将其称为'iPhone Pro'，因为它安装了微软所有的软件和应用。"正是他这种兼容并包的能力，才将他的共情领导力发挥到极致。

信念力。具有包容力后，领导者要善用共情，能为自己和他人树立起坚定的信念。信念力指的是领导者坚韧不拔、使命必达的毅力。宋代苏轼在《晁错论》中言明:"古之立大事者,不惟有超世之才,亦必有坚忍不拔之志。"吉姆·柯林斯(Jim Collins)提出第五级领导力,他认为第五级领导者具有谦虚坚韧的意志力。木屋烧烤的创始人隋政军带着信念,从保安做到餐饮集团创始人。新冠疫情中,餐饮业受到严重创伤,他把"长期奋斗主义"作为坚持的信念,借助数字化时代的转型,通过发力线上的消费模式和场景,获得10倍之上的销售增长。由此可见,正是强大的信念力支撑,隋政军的共情领导力才得以发挥。

学习力。最后,共情领导者还需要具有学习力。学习力指的是,要建立成长型的思维模式,通过建构感知,不断地迭代、发展。卡罗尔·德韦克(Carol S. Dweck)教授在其《终身成长》一书中指出,要拥抱成长型思维,建立学习型组织,终身学习,终身成长。特锐德电气的创始人于德翔是一个极其注重学习力的领导者,他提出"生态党建"的理念,建立特锐德大学为员工提供成长和学习的平台。"建构感知"(Sensemaking)是世界著名的组织行为学家卡尔·维克(Karl Weick)最重要的管理思想,指的是管理者帮助企业员工解读他们目前所处情境、过去的经验及未来可能面临的情境,帮助员工建立对周围环境的理解。新冠疫情来临,于德翔在这一特殊时期发布《应对疫情的"新开工模式"实战手册》,面向公司全体员工发出动员令,向大家分析当前的严峻形势,帮助员工理解目前的处境,倡议大家居家,坚决做好疫情防控,正式开启在线工作模式。基于对员工的共情理解,于德翔创建的这种"新开工模式"可以帮助员工学习并进入开工模式，保持活力，不仅保证了企业的发展，也有效保证了员工的积极状态，这正是共情领导力的体现。

觉知力、沟通力、包容力、信念力、学习力五种力量并不是独立发挥作用的，而是形成一个闭环，环环相扣，缺一不可。这五种力量不断深化，每一次循环过程都是共情领导者的一次迭代，这些都会为共情领导力的涌现提供基础。

共情领导力如何涌现

2020年年初，在新冠疫情的风暴中心武汉，一名35岁的武汉快递小哥汪勇走进大家的视野。在国内疫情形势最严峻的时刻，汪勇基于对医护人员的共情，他自发自愿地做了很多事情，比如从保障医护人员日常出行，到为金银潭医院解决用餐问题，再到为医护人员修眼镜、买拖鞋等。这些行为使得汪勇从一名普通的快递小哥成为一名"组局领导者"。媒体称赞"他是抗疫时期的'最美志愿者'"。2020年2月26日，国家邮政局印发通知，授予汪勇同志"最美快递员"特别奖，并号召全行业向汪勇学习。

那么，汪勇的共情领导力是如何发展的呢？笔者对"最美志愿者"汪勇进行了长达3小时的深度访谈，形成22720字的访谈文稿。通过对访谈内容发掘分析，笔者找出汪勇共情领导力的涌现过程。

2020年1月23日，武汉因新冠疫情封城。汪勇在访谈中谈到，当时除了看新闻，他对外界情况一无所知。他通过微信扫码加入一个由武汉小姑娘发起的东西湖区医护人员车辆需求群，以此了解医护人员的状况。1月24日晚，群里一位金银潭医院的护士不停地发需求"有没有顺风车送我们回家？"，一直无人应答。汪勇看到用车需求的发出时间是早晨6点钟，他分析这是一位下夜班急切渴望回家的护士，但打不到车。汪勇想到自己手里有车，于是，决定去接这名护士，为有需求的医护人员做点事情。汪勇在大年初一早晨6点钟准时到达医院门口接上这名护士。汪勇自述当时的情景："这个人上车的一瞬间，我最大的感受就是怕。她说完'师傅好，谢谢你'，随即往后座上一靠，眼神中透露出的绝望，让我觉得疫情的严重性已经远超我的想象。"因此，他做出继续接送医护人员的决定。

医护人员用车需求这一外部事件，不但使汪勇了解到事态的严重性。同时，这一刺激信息也促进汪勇与医护人员的互动和交流，他从医护人员的眼神中解读出绝望的情绪并感同身受。根据社会信息加工过程理论，个体注意到他人求助的痛苦表情，对他人求助线索的编码（Encoding）和体验就是共情。医护人员用车需求及后续一系列外部事件激发了汪勇的共情反应——以一颗善良的心，设身处地为他人着想，站在他人角度思考问题。

接下来的日子，汪勇慢慢意识到接送医护人员上下班这个问题靠他一个人是解决不了的。基于这种认知上的共情，他决定组建医护人员接送车队。后来，他又发现医护人员的餐食无法得到保障，就希望能帮助他们解决用餐问题，并能保证每餐至少有白米饭和二两肉。

汪勇的情感共情，在这个医护人员接送车队的自组织管理的细节处体现得淋漓尽致。他考虑到医护人员吃不到肉、吃不到白米饭，担心他们工作时体力不支。共情—利他假说（Empathy-Altruism Hypothesis）认为，当他人处于困境时，旁观者会产生一种指向受助对象的共情反应。这种反应强度越大，个体想解除他人困境的亲社会行为就越强。汪勇因为共情反应（认知共情和情感共情），帮助他人的亲社会行为就体现出来。

汪勇自发"组局"，形成一个自组织，急前线医护人员之所急，先后提供一系列服务：通过组织志愿者车队，与网约车和共享单车企业协调用车等方式，解决医护人员的交通问题；通过自行募集资金购餐、搭建应急餐食的免费配送网络等方式，解决7800名医护人员的用餐问题；搭建爱心捐赠通道，组织募捐和配送紧急医疗物资，满足医护人员基本生活用品需求等。

汪勇提到，"我没有任何资源，但一呼百应""他们认为我是组织者，所以，有什么情况都会找我"。此时，别人愿意追随他并认可他为领导者。汪勇的共情领导力在这个自组织中充分涌现出来，后来其事迹被报道，其职务被顺丰公司连提三级，担任武汉市石桥区分公司经理一职。

通过对该案例的分析，结合社会信息加工理论和领导过程理论，笔者总结出共情领导力的涌现过程，即外部事件刺激→共情反应→亲社会行为→共情领导力涌现。具体如图2所示。

图2 共情领导力的涌现过程

共情领导力对当前企业管理的启示

基于对共情领导力含义及其涌现过程的了解，结合第四次后工业革命的时代背景，企业管理者应该如何利用好共情领导力管理企业呢？笔者提出如下三点启示。

第一，加快组织形态转型升级，构建敏捷高效的自组织团队，为共情领导力提供土壤。

当前企业面临的外部环境愈发混沌模糊，也愈加变幻莫测。如何在如此不确定的形势下进行敏锐判断、高效决策和有效管理，成为企业生存发展面临的重要问题。自组织管理为企业解决这一难题提供新的途径和突破口。以文中的快递小哥——汪勇的案例为例，在疫情暴发的危急关头，汪勇自发"组局"搭建自组织，在极短的时间内满足大量医护人员对交通、饮食等的需求，该组织展现出的对外部需求的敏锐度和感知力，内部沟通协调的效率，以及组织成员热情和动力的激发程度，都超越了传统企业或政府组织所能达到的效率和效果。可以想象，如果当时汪勇依靠传统组织的既定秩序和规则，通过申报、决策、审批等流程，很难应对当时的情况，更难满足当时的复杂需求。因此，当下的企业管理实践可以借鉴这种自组织敏捷管理的模式,尤其是当企业内部需要解决一个复杂且紧急的问题时,如急需开发一个新产品,可以以自组织的方式进行管理,强调组织内部的共创、共治、共享。这样不但能提高组织运营的效率,也能增强企业的活力与适应性,最大程度发挥员工潜能和团队合力。

第二,培养领导者和员工的共情领导力,构建企业员工情感共同体。

从共情领导力的界定可以看出,它不是仅属于领导者的,而是每个人都可以拥有的一种素质。自组织的环境强调共治和自驱动,这就为每一位成员(不只是企业领导者)提供了发挥共情领导力的机会。企业管理者一方面要创造和搭建自组织的团队,更重要的是要鼓励每一位员工都积极发挥自身的共情能力,相互理解彼此的情绪情感,积极展现自身的共情领导力,形成一个"同呼吸、共命运、心连心"的情感共同体。只有组织内部足够凝聚、团结、包容、共进,才能更有能力共同应对外部商业环境的变化。企业管理者可以以身作则,关注和理解员工的情绪情感变化,将这一理念渗透至自身的管理行为中,同时在团队中弘扬和鼓励员工的共情行为,将一些涌现出共情领导力的成员作为标杆和典型,营造共情的团队氛围,帮助团队和组织成员提升共情领导力。此外,企业管理者要相信情绪情感散发和传播的强大力量。汪勇在新冠疫情中组建的"自组织"能如此高效地运行和管理,正如他所说,"我做这个事情的出发点是好的,我在做善良的事,这能很快激发起来人类共同的情感,这种温暖和能量能很快感染其他人,他们自然也会响应号召，积极加入并使出全力去做这个事情"。这种情绪情感的感染和传播原理，同样适用于企业管理的情景。

第三，拓宽共情领导力的发挥和应用范围，打造以人为核心的组织生态圈。

数字化时代，企业早已不是一个封闭的循环系统，而是处于一个多节点、彼此相连的生态圈中。共情领导力不仅适用于企业内部，也可以拓展到企业外部。微软公司纳德拉凭借其出色的共情领导力，帮助微软扭转局面，其成功不仅在于他在微软内部通过共情领导力打造的高效团队，还在于他在组织外部通过共情领导力洞悉客户和用户的需求。

在新的时代背景下，随着中国消费的转型升级，中国企业正在面临消费者主权崛起的挑战和考验。企业需要从原有的以产品为中心向以消费者为中心转型，这就要求企业建立用户思维，千方百计和用户"共情"。因此，企业管理者需要把握人性，洞悉人的情绪和情感需求，将共情领导力运用于企业内部和外部，打造以人为核心的组织生态圈。

结语

数字化时代，智能组织管理具有以人为核心、自驱动、自组织、自演化的特性。这意味着，我们在组织管理工作中要对人性有更深层的把握，对人的情绪、情感给予更充分的关注，以共情领导力为桥梁将人与人连接起来，从而实现人和组织的协同发展。

3 天才论还是英才说：基于生命全程视角下的领导力发展

领导者是与生俱来的，还是后天培养和塑造而成的？卓越领导力又是如何形成的呢？笔者认为，领导力是先天基因和后天教育培养等因素共同影响的结果，但主要靠后天环境和成长经历塑造。

根据个体生命全程六个发展阶段，笔者创造性地提出，个体应该根据这六个发展阶段的关键经历，有所学习和领悟，加强对自我的觉察和意识，对学到的东西刻意练习，并把通过练习获得的熟练技能和专业性知识应用到管理情景之中。只有这样，这些关键经历才会切实地转化为领导力，个体也会成为更加卓越的领导者。

——刘争光 郑晓明 ｜文

一直以来，无论是天才论还是英才说，都已被领导力研究学者广泛讨论。

天才论是以领导力的特质流派观点为主要依据，认为领导力是一种与生俱来的、能把精英领导者与常人区分开来的个人特质，如气宇轩昂、高瞻远瞩、足智多谋、聪敏过人和精力充沛等。

虽然特质流派主要流行于20世纪中期，但近年来相对新兴的魅力型领导学说，让特质流派重新焕发生机。

魅力型领导理论认为，比尔·盖茨、马云、马斯克等卓越领导者所具有的信念坚定、幽默、自信和感染力等特点，形成一种独特的魅力，这种魅力能对他人产生吸引和影响，从而让其愿意追随。但是这种魅力是一种天分和禀赋，一般人难以模仿和复制。

在现实的商业情景中，我们也不难见到这样的例子。例如，当企业人事面试决策时，通常会说"某某人看起来就像领导""某某有官样"，甚至会不自觉地对那些身材有型、相貌好、气质佳的候选人给予高分或好的评价。

此外，有研究者通过观察大猩猩、黑猩猩、长尾猴等灵长类动物的群体组织，发现这些灵长类动物也会表现出领导行为。由此，研究者进一步提出，领导力不是人类这个物种独有的社会现象，人类领导行为只是动物本能的唤醒和激活。这为领导力的天才论提供了额外的证据。

相比而言，英才说是以行为学派观点为主要依据，认为领导力是领导者做出的那些能够成功影响下属有效达成目标的行为，如授权行为、关心下属等，这些领导行为是可以通过训练习得和改变的。

随后兴起的人际关系学派、授权型领导理论、领导力发展理论等也都主张领导力是可以培养和发展的能力素质。

比如，李开复的经理生涯最早是从苹果公司开始的，他是如何实现从纯技术人员到管理者角色转变的呢？他曾说过："我在苹果工作时，有一天老板突然问我什么时候可以接替他的工作。我当时非常吃惊，连忙表示自己缺乏像他那样的管理经验和经营能力。但是他却说，这些能力是可以培养和积累的，只要我有意识地加强这方面的学习和实践。"果然，两年后，李开复就成为当时苹果公司最优秀的经理，接替了他上级的工作。

再如，哈佛大学商学院教授拉姆·查兰（Ram Charan）长期从事领导力发展的研究和实践工作，他所提出的"领导梯队（Leadership Pipeline）模型"，探索了个体从低阶段领导者到高阶段领导者的成长路径，这也是英才说的有力证明。

其实，领导力的发展究竟是天才论还是英才说，近期的领导力研究已经给出答案。新加坡国立大学Arvey教授团队长期研究基因对领导力发展的影响，通过对双胞胎进行基因测序和成长追踪研究，发现：个人能否成为领导，30%左右由基因决定，70%左右是由后天环境和成长经历塑造的。这就意味着，一个人成为领导者，虽然与遗传基因有关，但更多的是后天培养塑造的。

著名的领导力学者库泽斯（Kouzes）与波斯纳（Posner）在著作《领导力：如何在组织中成就卓越》中提到，领导力是可以学习的，领导能力的提升是一个长期的、有意识的自我修炼过程，即领导力主要是靠后天环境和成长经历塑造。

从生命全程的视角看待个体领导力发展

既然领导力是可以培养和发展的，那么这种发展是什么时候开始的呢？是踏上工作岗位开始的，还是正式成为领导时开始的？

21世纪初，以美国著名学者大卫·戴（David Day）为代表的领导力专家，一直在丰富和完善领导力毕生发展（Life-span Leadership Development）学说。该学说认为，领导力是可培养、可发展的。领导力的发展是跨越生命全程的连续过程，即个体的领导力发展过程会先后经历学前期（0—6岁）、童年期（6—12岁）、青春期（12—18岁）、成年初期（18—30岁）、成年中期（30—60岁）直至成年晚期（60岁以后）。这就是说，领导力发展是一辈子的事情，是贯穿从小到大的成长历程中的，特别是早期阶段的领导力发展充分程度会影响后续发展阶段中领导力涌现和领导有效性的达成。

但是，在过往领导力的研究和实践中，研究者主要聚焦于成年阶段，尤其是成年中期担任正式领导职位的阶段，大量研究探讨成人领导者的个体特质、行为风格、业绩表现和晋升发展等课题，如拉姆·查兰关注领导梯队的研究和实践，却少有人关注领导力在成年阶段以外的发展情况，尤其缺乏对早期阶段个体领导力发展状况和影响因素的关注。

领导力毕生发展观的提出，促使人们开始关注影响领导力发展的早期因素。例如，美国学者Murphy和Johnson在2011年建构的"生命全程视角下领导力发展模型"中，将领导力发展历程比喻为一棵树的成长过程，将个体早期的领导力发展定义为这棵树的"种子"，旨在强调其对领导力生命全程发展起到的基础性作用。同时，两位研究者还将个体因素、家庭因素和个人经历等早期发展因素，作为个体未来领导力发展的基础予以强调（见图1）。

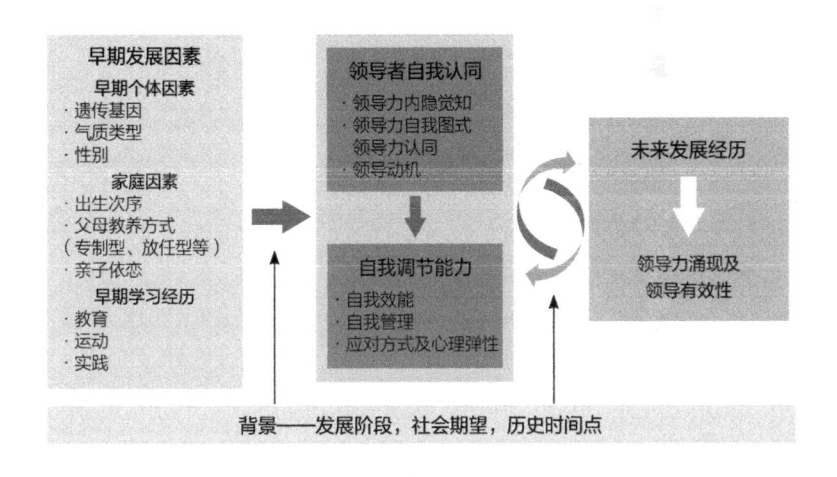

图1 生命全程视角下领导力发展模型

在美国加州开展的一项为期40年的追踪研究——富勒顿追踪研究（Fullerton Longitudinal Study），为领导力生命全程发展提供实证研究证据。该研究项目从1979年开始，对130个0—1岁的孩子及其父母进行生命全程追踪，追踪直到2019年结束，共40年。结果发现，婴儿期趋近型的气质类型、童年期的内部学习动机、青春期阶段支持性的家庭环境，都能够显著预测个体在成年期的领导力涌现水平以及所展现出来的变革型领导力水平。

这就启示我们，发展成人领导力时，不仅要注重早期阶段领导力的培养，而且要有意识地营造良好的培养环境。

美国学者Van Linden尤其提出关注青春期阶段领导力的培养，因为青少年具有思维活跃、富于创新和可塑性强等鲜明特点，非常有利于开发和培养领导力。相对于其他发展阶段，青春期阶段领导力的开发和培养，实现可能性更大、投资回报率更高、对个体领导力毕生发展的影响更为深远。

特别指出的是，著名领导力学者David Day提出领导力发展是随着时间变化而进行的，尽管会在生命全程中持续发展，但领导力发展和变化的形态并非简单的线性趋势，不是随着年龄的增加和个人阅历的丰富就自然会有相应的领导力发展，而是呈现出非常复杂的非线性特征（见图2）。

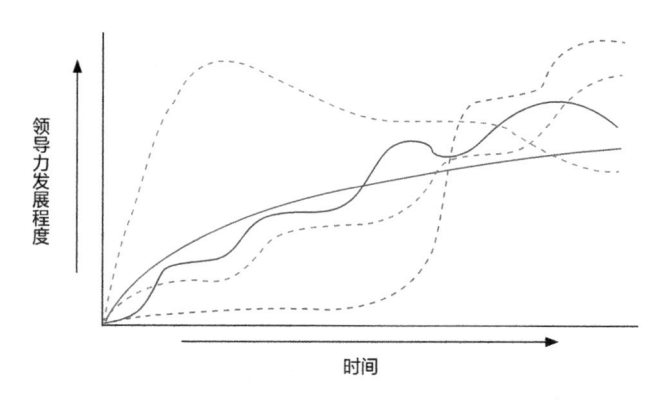

图2　领导力随时间非线性发展轨迹

每个人都有自己的领导力发展曲线，过程中有起起伏伏，也有平台期。因此，在领导力毕生发展中，个体差异应该被承认和尊重。例如，有的人领导力发展速度是先快后慢，也有的人先慢后快；有的人是少年早慧，有的人是大器晚成。我们可以从中国古代历史人物中看到，甘罗12岁就做丞相，姜子牙70多岁才出山做官，正如《水浒传》中的诗句所云："甘罗发早子牙迟。"

个体领导力发展的助推器：成长历程中的关键经历

领导力是可以发展的，并且这种发展是跨越生命全程的。那么这种领导力的跨越发展靠什么实现呢？也就是说，领导力跨越发展的抓手或助推器是什么呢？

研究发现，成功领导者往往具有相似的经历，因此经历或许是领导力发展的有力抓手。经历，是我们参与或者置身其中所经受的一些事件和活动，我们可以从中获得相应的知识和技能。McCall等的研究发现，具有发展性或挑战性的关键经历（如那些复杂的、有压力的、高风险的、新颖的、不熟悉的经历）对一个人成为优秀领导者有着重要影响。个体所面临的这样处境，往往也是发展领导力的良好契机。例如，当我们处于新晋升的领导职位时，当我们需要影响比自身更强大的下属时，甚至当我们遇到不好的领导时，这些都是领导力得以发挥和发展的最佳时机。

在生命全程中，充斥着各种各样的经历，哪些关键经历会对个体领导力的发展发挥助推作用呢?

发展心理学家埃里克森（Ericson）提出人的一生可以分为多个发展阶段，每个发展阶段都有不同的发展任务。

在Ericson的生命发展阶段论的启发下，本文从个体领导力发展的角度，将人的一生分为六个发展阶段：学前期（0—6岁）、童年期（6—12岁）、青春期（12—18岁）、成年初期（18—30岁）、成年中期（30—60岁）和成年晚期（60岁以后）。

结合以往研究结论，本文梳理出每个阶段中对领导力发展有重要影响的关键经历，提出"个体领导力生命全程发展的六阶段模型"（见图3），并按阶段依次阐述。

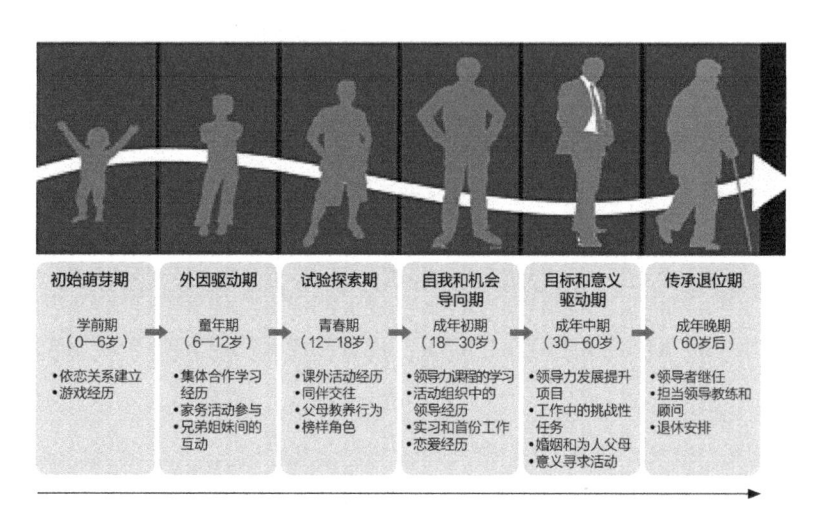

初始萌芽期	外因驱动期	试验探索期	自我和机会导向期	目标和意义驱动期	传承退位期
学前期（0—6岁）	童年期（6—12岁）	青春期（12—18岁）	成年初期（18—30岁）	成年中期（30—60岁）	成年晚期（60岁后）
·依恋关系建立 ·游戏经历	·集体合作学习经历 ·家务活动参与 ·兄弟姐妹间的互动	·课外活动经历 ·同伴交往 ·父母教养行为 ·榜样角色	·领导力课程的学习 ·活动组织中的领导经历 ·实习和首份工作 ·恋爱经历	·领导力发展提升项目 ·工作中的挑战性任务 ·婚姻和为人父母 ·意义寻求活动	·领导者继任 ·担当领导教练和顾问 ·退休安排

图3　个体领导力生命全程发展的六阶段模型

1. 领导力发展的初始萌芽期（0—6岁）

生命开端的前六年，是领导力发展的初始萌芽时期，对领导力发展最具重要影响的关键经历体现在两个方面。

一是依恋关系建立。发展心理学的研究已经证实，0—3岁是个体与抚养人之间建立情感依恋关系的关键时期。该阶段依恋关系建立的质量，会影响个体对自己、他人以及社会的态度和相处模式。

如果这种依恋关系是安全型的，婴儿会把这个世界知觉为安全的、可信任的、温暖的；如果依恋关系是不安全型的，如回避型或冲突型，则婴儿会把这个世界知觉为危险的、冰冷的、不值得信任的。

这种在早期依恋关系中建立的态度和模式会带入成人以后的领导力情景中。

已有研究表明，生命早期具有不安全型依恋经历的人，在领导岗位上通常会更不信任下属，更可能不会授权，从而不利于领导有效性的达成。

二是游戏经历。发展心理学家认为，学前阶段最主要的活动就是游戏，游戏是婴幼儿生活的主题，也是其发展各项领导技能的重要情景。学前期的个体通过游戏经历，可以在认知能力、规则意识、合作意愿、延迟满足和人际互动方面获得萌芽和发展，这些都是未来领导能力的重要基础。

2. 领导力发展的外因驱动期（6—12岁）

个体在6—12岁，通常正值小学阶段，这一时期的个体通常要依赖外部角色，如父母、教师或其他权威人士向其提供机会促进领导力发展，因此这一时期被定位为领导力发展的"外因驱动期"。

在该阶段，对领导力发展最具重要影响的关键经历主要体现在三个方面。

一是集体中的合作学习经历。个体从该时期开始正式地以班级形式进行集体学习，强调团队合作能力的培养。教师通常会让大家组成小组或者结成伙伴，共同完成一项学习任务，这就为儿童提供领导力涌现的机会，也会锻炼其团队分工协作、人际冲突化解等方面的领导技能。

二是家务活动参与经历。家长通过让孩子承担力所能及的家务劳动，如打扫房间、浇花、洗碗、自己铺床叠被、自己收拾文具等，培养孩子责任感及服务意识，而这些正是未来成为领导者（尤其是服务型领导）的基础。

三是兄弟姐妹间的互动。在实行三孩政策的今天，很多家庭都不止一个孩子。兄弟姐妹间的日常互动，如老大照顾老二，因资源争夺而引起的协商谈判等，都有利于个体领导力的发展。研究发现，家庭中的"长子"在未来更可能承担领导角色，因为父母通常对其提出要照看弟弟妹妹和树立良好榜样的要求。还有研究发现，在多子女家庭中长大的个体，通常有更强的沟通谈判和团队合作能力，而这些正是领导者必备的重要技能。

3. 领导力发展的试验探索期（12—18岁）

12—18岁的青春期阶段是个体身心发展不平衡阶段，其主要发展任务是建立自我同一性，探索并回答"我是谁？""我适合什么角色"之类的问题。对于个体领导力发展而言，该阶段被定位为"试验探索期"。

在该阶段中，对领导力发展最具重要影响的关键经历主要体现在四个方面。

一是课外活动经历。青春期阶段通常是个体的初高中阶段，个体开始接触各式各样的课外活动，如共青团活动、球类运动、户外生存训练、社区志愿活动等，这些活动不仅让青少年有机会接触正式的领导角色，获得观察、学习和模仿优秀领导行为的机会，也为青少年提供试验和尝试担当领导角色的真实场景。

已有研究证实，青少年参与竞争性和结构化（有明确规则）运动的经历，如加入足球队、篮球队等，有利于成年后担当领导角色。

二是同伴交往。友谊在青春期个体发展中扮演着重要角色，个体通常能从友谊中获得情感共鸣和心理支持，这有利于领导力的重要方面——情绪智力的发展。

此外，领导力天然就存在人际社交网络之中，因此社交能力的培养对发展领导力至关重要。

已有研究证实，在同伴群体中的受欢迎程度高，有利于青少年领导力涌现，即容易被他人视为领导者。

三是父母教养行为。父母在青少年领导力的发展过程中扮演着重要角色。很多伟大的领导者，都会提及父母对自己的影响。例如，美国通用电气公司前CEO杰克·韦尔奇就说道："母亲是一生中对我影响最深的人。"

还有研究发现，父母对青春期孩子采用鼓励式、支持性、温暖型的教养方式，会让孩子更加有自信心和自我价值感，进而促进孩子领导力的发展；而父母对孩子采用打骂式、否定式的教养方式，会让孩子觉得自己不值得被爱或者自己缺乏价值感，进而阻碍孩子领导力的发展。

同时，我们还应该警惕一种当下较为普遍的、出发点好但效果适得其反的教养行为——过度教养行为，它破坏了青春期孩子自主感和能力感的心理需求，阻碍青春期孩子领导力的发展。

四是榜样角色。对青少年而言，榜样角色的行为影响个体对领导力的感知和对领导行为的观察学习。例如，克林顿在高中学习期间（17岁），被选为童子军代表，受到肯尼迪总统的接见并与其亲切握手，这次会见让克林顿立下从政的志向，并以肯尼迪为榜样，最终成为美国总统。这一事例足以说明榜样力量在青少年领导力发展中的作用。

4. 领导力发展的自我和机会导向期（18—30岁）

从18岁成人到30岁左右成家立业的这个时期，被发展心理学家Arnett等专门划分出来，命名为"成年初期"（Emerging Adult）。

这一阶段的个体在思想上通常具有独立性，能独立自主做出判断和规划，但在生活、工作、恋爱、交友等方面依然表现出较大的变动性，往往受到机会的影响。因此，对领导力发展而言，该阶段被定位为"自我和机会导向期"。

在该阶段，对个体领导力发展起重要影响的关键经历主要体现在四个方面。

一是领导力课程的学习。大学期间的领导力课程对个人更好担任和发挥领导角色有明显帮助。领导力课程不仅有助于个体更好地储备领导力知识和技能,也有助于个体对自己担任领导者的优势和不足有更清晰的了解。

Komives等研究者通过对比分析发现,在大学中选择并系统学习领导力课程的学生,在领导者认同、领导力效能感和领导力涌现方面的表现都要高于那些从未选过领导力课程的学生。

二是活动组织中的领导经历。该阶段的个体,经常有机会在学生会、志愿协会、大学生创业大赛等校内外活动中担任领导角色,获得直接或间接领导经验。

由于在大学活动中担任领导的试错成本相对较低,这些领导经历无疑都能发挥"训练舱"的作用,通过预演和排练等方式,提升自身未来担任更重要领导角色的准备度。

三是实习和首份工作经历。该阶段的个体,走出校园开始实习,并在毕业后开启第一份工作。实习经历能为个体提供展现领导力的机会,以便大学期间积累的领导力知识和技能得以充分发挥和应用。

研究表明,首份工作经历对个人领导力的发展至关重要。首份工作通常带来工作内容不熟悉、工作能力不成熟、工作习惯未形成、同事信任关系未建立等方面的挑战,克服这些挑战本身就有利于个人领导力的提升。

此外,首份工作的第一任领导对个体随后的领导力发展影响深远,因为第一任领导通常为个体树立正面或反面的领导形象,影响其未来的领导角色认同和领导有效性。

四是恋爱经历。恋爱关系作为二元关系中的一种，和其他的人际关系如朋友关系、同事关系，甚至领导—下属关系都有一定的相通性。

领导力人际关系学派认为，良好的领导效能表现应该包含领导与下属之间形成的类似"浪漫关系"的化学反应和良好关系。

因此，在恋爱经历中所积累的人际交往经验，如情绪洞察能力、冲突化解策略、换位思考意识等，对建立良好的领导—下属关系也有借鉴意义。

5. 领导力发展的目标和意义驱动期（30—60岁）

从30岁到60岁的成年中期阶段，是整个生命全程中历时相对较长的连续发展阶段。发展心理学家认为，这一时期的个体需要平衡过去和将来、稳定和变化、成长和下降、工作和家庭之间的关系，在平衡中做出取舍和选择。该阶段的个体通常以其相对成熟的心智，思考"我正向哪个目标前行？""我这样做是否真正有意义？"之类的问题，因此被称为领导力发展的"目标和意义驱动期"。

该阶段的领导力发展关键经历包含四个方面。

一是领导力发展提升项目。企业中通常有多种领导力发展项目（Leadership Development Programs, LDP），如正式领导技能培训课程、领导力教练项目、领导力行动学习项目等。

已有研究证实这些领导力发展项目尽管在效果上存在程度差异，但总体而言，对个体领导力在知识、技能和能力方面的提升是有帮助的。

二是工作中的挑战性任务。美国创新领导力中心（Center for Creative Leadership, CCL）对700位领导者进行调研，让他们列举工作场合中最能促进其领导力发展的因素，排在前列的一个重要因素就是"自身工作中的挑战"。

对于成年中期的个体而言，工作中的挑战通常包括陌生情景、工作复杂、高不确定性和高风险等级等。这种挑战可以通过职位晋升，带领一个多样化的团队或带领一个部门渡过危机等方法设置工作情景，提升个体在战略上、认知上和行为上的领导力。

三是婚姻和为人父母。工作—家庭互进理论认为，工作和家庭之间并非相互冲突、此消彼长的关系，而是互相促进，协同共赢的关系，这种"一荣俱荣"的关系在一些研究中已经得到证实。

一方面，在婚姻关系中建立的履行承诺意识、情绪管理能力、社交技能，以及冲突化解能力能够迁移到工作中的领导情景之中。有研究发现，婚姻关系中的满意度通常也能带来工作上的满意度和敬业度，反之亦然。

在为人父母方面，研究已经证实，在家庭中担任父母角色和在企业中担任领导角色具有很大程度的相似性，父母—孩子之间的关系与领导—下属之间的关系有类似的模式。

四是意义寻求活动。在当今商业组织中，领导者参加的意义需求活动（如禅修、正念、冥想等）越来越受到关注。

这与成年中期个体"意义寻求"（Sense-seeking）的心理需求有关，个体通过这种活动来努力回答"当下努力的目标是否真正有意义"以及"如何和自己平和相处"等问题，以促进自我的修炼。

这些意义寻求活动提升了个体的自我觉察能力、情绪管理能力等，这些对领导力发展有着积极影响。

6. 领导力发展的传承与退位期（60岁以后）

一个人60岁后，通常意味着身体和认知机能开始退化，个体开始有意识地采用"传承思维"去安排工作和生活，因此60岁以后这一阶段被称为领导力发展的"传承退位期"。

在该阶段，领导力发展方面的关键经历主要包含三个方面。

一是领导者继任。组织管理的研究告诉我们，领导者继任对公司的长远和持续发展非常重要。在任领导者迈入成年晚期后，通常会总结和回顾自身过往领导力的经验和教训，并将之纳入继任领导者的选拔标准和培养方案之中。

研究表明，前任领导者对接替者的有意指导和交接，对继任计划执行的成效有着重要影响。

二是担当领导教练和顾问。资深领导者凭借自己的经验优势，依然可以获得一定的领导力发展，如担任年轻领导者的导师或企业领导力顾问，通过经验传递的方式在企业管理中继续发光发热。

三是退休安排。对于成年晚期的个体而言，退休成为其步入老年生活的标志。如何有意义地安排退休后的生活，成为该阶段个体的重要任务。例如，有人选择从事社区志愿者、交通志愿者等工作，继续在社会上发挥领导力的余热。

经历怎么促进领导力提升

生命全程各阶段的关键经历对个体领导力会有助推作用，但这种促进作用是自然发生的吗？当然不是。经历就像一个窗口，会为个体提供机会，但不会自动地对个体的领导力起助推作用。

让领导力得到真正发展，还需要个体从经历中有所学习和领悟，并且意识到这样的经历对自身"领导身份"的认识有影响。

所以，基于关键经历，个体需要激活自身内部的"经历加工系统"（Experience Processing System）和"领导自观系统"（Leader Self-view System）两个系统。在关键经历发生之后，只有这两个内在系统均被激活，且两者相互促进和强化，这些经历才能促进个体发展成为卓越领导者（见图4和图5）。

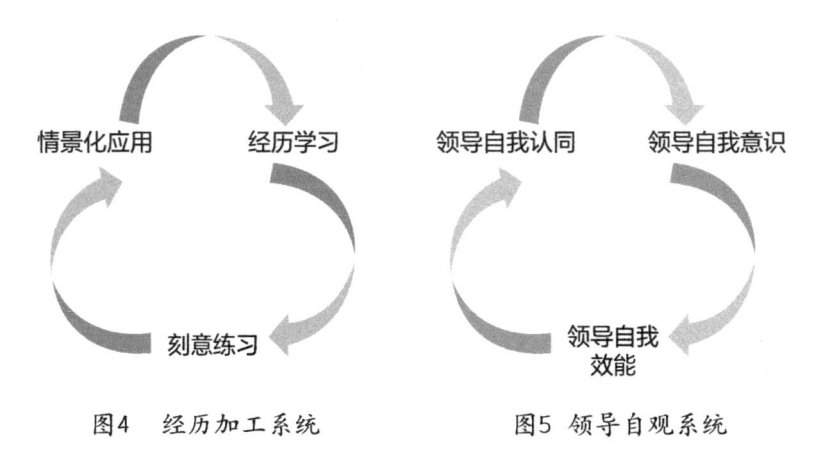

图4 经历加工系统（情景化应用、经历学习、刻意练习）

图5 领导自观系统（领导自我认同、领导自我意识、领导自我效能）

1. 经历加工系统

正如图4所示，经历加工系统是由经历学习、刻意练习和情景化应用三个环节组成的闭环系统。

首先，学者McCall等的研究发现，真正对领导力发展起作用的，不是经历本身，而是个体从经历中学到的东西。

其次，学者David Day在此基础上补充了两点，提出只是学习到东西还不够，还需要对学到的东西进行刻意练习（Deliberate Practice）。

最后，他还提出本质上领导力就根植于一定的管理情景之中，个体有必要把通过刻意练习获得的技能和专业性知识，应用和迁移到管理情景之中。

基于以上三个方面的证据，本文提出经历加工系统是由三个环节组合的动态闭环。三个环节依次为：经历学习，即个体首先需要对关键经历的过程进行复盘，并通过主动寻求反馈，形成对"通过本次经历，我学到了什么？"问题的反思和总结；刻意练习，个体需要对所学的新知识和技能有意识地练习，通过反复多次的练习让自己在这些方面从"生手"成为"熟手"；情景化应用，个体需要将熟练掌握的知识和技能应用到具体的管理情景中，将之转为切实的领导能力，以帮助自己成长为更好的领导者。

2. 领导自观系统

正如图5所示，领导自观系统是由领导自我意识、领导自我效能和领导自我认同组成的闭环系统。

本文将自我意识、自我效能和自我认同三个发展心理学的概念运用到领导力发展之中，提出"领导自观系统"这一由三个环节组成的闭环系统。三个环节依次为：领导自我意识，个体首先需要通过经历，意识和觉察自身作为领导者这一身份存在哪些优势和不足，并通过寻求反馈等方式，使这种自我意识更客观和全面；领导自我效能，个体需要建立"我可以扮演好领导者角色"这种信念，增强担任领导者的信心程度；领导自我认同，个体需要建立自己对"卓越领导者"这一身份的判断和认同。

总结

笔者认为，领导力是先天基因和后天教育培养等因素共同影响的结果，但主要靠后天环境和成长经历塑造。

个体生命全程六个发展阶段都有相应的关键经历，这些经历会对领导力发展产生积极影响。

当然，经历就像一个窗口，只为个体提供机会，不会自动地对个体的领导力发展起作用。要想让领导力得到真正的发展，个体不仅需要从经历中有所学习和领悟，加强对自我的觉察和意识，对学到的东西刻意练习，还要把通过练习获得的熟练技能和专业性知识应用到管理情景之中。同时，个体还要对自身领导角色有所察觉，通过成长提升，增强成为更加卓越领导者的信念和信心，最终达到对卓越领导者的身份认同。

只有这样,个体才能将关键经历切实地转化为领导能力,帮助自己成长为更加卓越的领导者。

4 敏捷型组织与敏捷型领导力之路

敏捷型组织颠覆了传统组织结构的六个要素，这将不再是一场打补丁式的改良，而是下一次管理科学浪潮的开始。对于大量的存量企业，已经在传统逻辑下建立了完善的管理制度的大型企业，这个转型要怎么做呢？

——饶晓谦 | 文

正如赫拉利在《人类简史》中所说，人类文明是建立在"虚拟的概念"之上的。正是因为一系列的技术革命，特别是信息技术的大发展，在二十一世纪的前二十年里，人类社会再次走到一个大转折的路口，我们已经看到未来的组织雏形：以敏捷性（Agility）为核心的组织。

传统的商业组织与领导力

自从十七世纪出现"公司"这个概念后（其实"公司"的英文本义就是"在一起的伙伴"），商业组织经历将近300年的变迁。在商业组织的发展过程中，二十世纪初是第一个大分水岭。此前可以说是商业组织的"史前时期"；而在生产出T型车的福特汽车公司建立以流水线为核心的生产组织机构之后，商业组织不断进化，进入更科学、更有目的性的时代。人类第一次真正意义上实现大规模的、分工明确的、流水线式的工业生产。手工作坊远离社会生产的主流形态（尽管现在它们依然存在）。

在这样的工业化生产中，工作是高度分工的；产品是标准化的，工作是可替代的；工作要求人的个性最小化，工作把人的思考和执行分开，由不同的人完成。

大工业化时期的商业组织，具有六个要素（见表1），这些要素至今仍在商学院中广泛地被教授着。

在这样的组织六要素之下，领导力自然是通过比较强调权威、管控和自上而下的方式发展，虽然在二十世纪七十年代后，随着知识型员工在整个员工阶层的比例越来越高，这种单向的领导方式得到较大程度的修正，授权、辅导、激励等概念被引入领导力理论中，但总体上的组织形态以及基于组织形态的领导力形式，在二十世纪没有发生根本性的转变。

表1　传统商业组织的六大要素

工作专业化	专业的人干专业的事情，人的技能分工趋向越来越细化
组织部门化	专业的人组成一个个组织器官，也就是专业的部门
有序的命令链条	在这样的组织中，最重要的事情就是维持有序的命令链条，明确谁是谁的老板是很重要的事情
管理宽度的控制	组织管控有效性非常重要，因此设计好管理宽度很重要，早期组织的管理宽度被定义在6~10人，按照这样的数量设计管理职务
集分权的设计	总部的集权需求和大型组织的效率陷阱是贯穿这类组织历史的核心问题，这个矛盾发展到极致的一个重要产物，是现在还在广泛推广的ERP系统
工作的正规化	工作形态的正规化，不仅包括步骤，还包括与之相关的仪式感，很多民企醉心的半军事化管理，就是这种正规化的最好例子

这类领导力发展的巅峰，是以2020年3月故去的伟大CEO（首席执行官）杰克·韦尔奇为代表。韦尔奇和他领导的通用电气（GE），是大工业化时代的组织形态和领导力的佼佼者和集大成者。

技术革命和敏捷型组织的出现

二十世纪七十年代后，随着以信息技术为主导的一大批革命性技术的依次登场，传统的组织形态以及与之配套的领导力系统不断地被挑战着。当历史的车轮进入二十一世纪，特别是信息技术渗透到每个人的生活时，一批新型组织悄然出现，逐步取代盘踞财富五百强多年的"权贵"（包括近来深陷泥潭的GE）。麦肯锡曾在几年前对这些革命性技术做过展望（见图1），当下我们觉得当时的这些估计有些保守了。

至2025年的预估潜在经济影响上下限（万亿美元，年度）

1. 移动互联网
2. 知识工作自动化
3. 物联网
4. 云
5. 先进机器人
6. 自动汽车
7. 下一代基因组学
8. 储能技术
9. 3D打印
10. 先进油气勘探及开采
11. 先进材料
12. 可再生能源

来源：Mckinsey Global Institute Report.

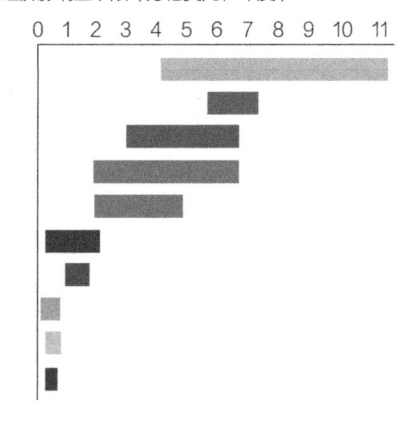

图1　革命性技术对经济影响的展望

这些新贵当中，有的是类似Airbnb这种没有一间旅馆的、最大的旅馆连锁公司，也有淘宝这样没有一间店铺的、最大的零售平台，也有Uber、滴滴这样没有汽车的大型出租车公司，有的甚至不是传统意义上的公司，如GitHub平台，聚集了全球数百万名优秀的软件开发者。在2014年之前，GitHub根本就没有管理层，尽管后来引入传统意义上的管理层，但其用户（绝大部分是学生和极客）是在没有公司组织结构、没有管理层、没有岗位、没有绩效考核和汇报的前提下，使用GitHub提供的软件版本管理和发布规范，完成成千上万个以前只有微软和IBM这样大型公司才能完成的软件开发和协作项目。（具有讽刺意味的是，微软2018年收购了GitHub，被很多极客视为传统势力的反扑。笔者更愿意看成这是纳德拉领导下的微软的进化。）直到不久以前，GitHub这样的组织类型还是不可想象的。

随着这类"离经叛道"型组织不断涌现，并且一次次地掀翻传统势力的桌子，人们开始注意到，一种新的组织形态出现了，其主要特征在于敏捷性（Agility），现在人们把这种还没有描述清楚的组织统称为"敏捷型组织"。

坦率地讲，截至2019年人们还没有一套完整的理论阐述敏捷型组织的特征，但是人们至少发现这样一个事实，那就是敏捷型组织颠覆了传统组织结构的六个要素。业界的普遍共识是，这将不再是一场打补丁式的改良，而是下一次管理科学浪潮的开始。

1. 工作专业化 VS 斜杠人才

在传统的组织类型中，专业的人做专业的事已经是一条铁律，甚至深刻地影响了大学教育制度。但是越来越多的所谓"斜杠青年"在主导着新型组织。在Uber组织中，真正学习运营和管理的人，有汽车租赁和管理经验的人并不是主流，非常多的人来自不同的行业背景，甚至很多人来自非商业的背景，如一些极地考察队的科学家，或者专业摄影师，会在这样的组织工作。你做过什么不重要，你将要做什么才比较重要。在二十世纪初的福特那样的传统组织中，思考者与执行者是严格分离的，但是敏捷型组织常常要求思考与执行的工作集中在一个人身上。

2. 部门化 VS 项目型工作和零工经济

早在韦尔奇时代，GE就在打破部门化桎梏方面做了成功的探索，这就是著名的无边界行动。如果说，那个时代的探索是在传统组织框架内试图进行体制内革命的话，那么在一些新型的、具备敏捷性特征的组织中，项目型的工作方式是一种天然的存在。在GitHub，工作是以"技术大神"为核心的一种自由机制，如果你喜欢某个人的代码，你可以建立分支（Fork），分支越多说明该"技术大神"的粉丝越多（当然这一切是建立在开放源代码协议基础上的）。在硅谷的一些机构中，正式员工和非正式员工的边界开始模糊，"零工经济"（Freelancer Economy）正在成为一种时尚，一个项目小组由全职员工和自由职业者组成，已成为一种常态。

3. 命令链条 VS "临时老板"

在传统的组织当中，新员工通常加入后的第一件事情就是知道谁是自己的老板。在新型的、具备敏捷性特征的组织中，工作去部门化的一个直接后果，就是"老板—下属"的关系具有多变和临时的特征。在A项目上可能是你向我汇报，在B项目上可能就是我向你汇报。这样的方式对绩效管理提出巨大挑战，有一些企业借鉴咨询公司的项目绩效制度，坦率地说，还没有形成完整的经验，大家都在摸索中。

4. 管理宽度 VS 大幅度扁平化

沟通方式的变化，特别是社交媒体的出现，极大地提高人与人的沟通便捷性（至于这是不是一件好事，很多人可能意见并不统一）。其结果就是在类似阿里巴巴和腾讯的互联网公司中，管理宽度大大增加，管理20人以上也不是非常少见的事情。当然，管理宽度的增加不是没有成本的，这点会在后文提及。

5. 集分权设计 VS 两极分化

敏捷型组织的一大特征，是市场端的决策机制更加灵活，组织可以根据市场需要迅速做出决策。国内很多企业非常欣赏稻盛和夫倡导的"阿米巴"组织，也试图复制这样的组织类型，但成功的很少。原因在于，市场端敏捷的一个前提是中后端的高度统一和复用机制。阿里巴巴这样具备天然互联网基因的组织也没有解决这类问题，否则阿里巴巴也不会大讲建设中台了。建成这种前端灵活、后端集约的敏捷型组织的确不多，

GitHub虽然做得很好,但是由于行业太特殊,还不能作为典范。

6. 正规化 VS "规范的自由"

有人曾经提出,在未来的敏捷型组织中,工作的正规化会不复存在,每名员工都可以自由地发挥才能,但实际状况并非如此。在一些已经具备敏捷性的组织中,我们看到的工作正规化的演变模式是:由传统的岗位和流程规定的正规化向"在数据规范和技术平台正规化支撑下"的自由发挥的转变。员工的自由发挥空间的确变得很大,但是后台的技术规范和数据规范在加强,如果没有这个前提,在绝大部分行业中,协作将不复存在。一个最直观的表现就是基于云技术的各种协作平台的出现,虽然前端人员的工作时间和工作方式变得很灵活,但是彼此协作的数据接口和协议变得非常规范。

虽然还没有建立一套完整的关于敏捷型组织的理论,但是至少知道一点,传统组织赖以生存的六个要素都受到了根本性的挑战。可以预见,这一波组织的变化模式不同于二十年前企业建立ERP系统的模式,这是一次从基础架构和顶层设计都被颠覆的变革。历史经验告诉我们,在变革的大潮下,先行的尝试者不一定是最后存活下来的组织类型,因此还不能以上述一些企业作为标准模型来参照。还需注意的是,上述这些企业都具有相当的行业特殊性,对于大量的存量企业,已经在传统逻辑下建立了完善的管理制度的大型企业,这个转型要怎么做呢?这是很多管理者都在思考的问题。希望接下来的讨论能够引发某些思索。

敏捷型组织和敏捷型领导力之路

1. 技术赋能

组织进化的动力来自技术革命，巨大的技术革命必然带来巨大的组织变革。因此，我们有必要思考，到底是哪些技术在驱动组织的演化？如果我们仔细看看图1中麦肯锡预测的12项技术，我们就会发现，其中7项都是信息技术革命。可以说，这次组织敏捷化有一大半是信息革命驱动的。因此，GitHub被收购前成为貌似最敏捷的组织也就不足为奇了。Airbnb、淘宝等组织，本质上解决的是生产和客户之间的中介问题，但是并没有解决生产者生产过程中的敏捷化问题。对大量的存量企业而言，它们的模式是行不通的。

对大量的存量企业来说，信息技术并不是全部，它们还有很多其他的重要价值链环节。例如，以汽车制造为代表的传统工业，机械加工占了很大的比例，行业中的传统流程和岗位还大量存在。工业机器人可以提高劳动生产力，但敏捷性问题显然不是工业机器人能完全解决的。3D打印技术有可能从根本上解决机械加工有关行业的敏捷性的技术，但是貌似3D打印技术遇到的技术障碍远远大于信息技术的，是否能够带来决定性突破尚不明朗。化工、制药是以化学过程和生物过程为基础的行业，这类行业的敏捷化之路，一定是另一种途径。

综上所述，我们可以认定的第一个事实是，一个行业的敏捷化路线怎么走，取决于这个行业根本的技术发展特征。至少现在，指望汽车制造业能够达到GitHub的敏捷程度是完全不现实的。技术发展能给组织的敏捷化赋能,是敏捷型组织发展的关键。原则上说,对组织敏捷化赋能的各种技术,按照其与现代信息技术的关联度,可以分为三大类。

• 高度敏捷赋能技术,即信息技术本身,以及可高度信息化的技术,如软件开发、数据分析等。

• 部分可敏捷赋能技术,即可与信息技术高度耦合的技术,如3D打印技术、电子电气硬件等。

• 低敏捷赋能技术,即高度依赖机械加工、化学和生物过程等难以改变的基础工艺。

当然,这个分类是非常粗糙的,而且随着时间的推移,新的技术革命完全有可能推翻这个分类。另外,这个分类也不适用于服务业。

因此,企业的领导者,在铺天盖地的敏捷型组织的宣传中,需要保持头脑冷静,思考的根本性问题是,"我们的行业技术变革到了什么样的程度?""技术能否赋能组织敏捷化?"当然,这样的分析是不容易的,因为技术迭代是日新月异的,而且跨界技术更是层出不穷,不知道什么技术会"革"了自己的命。只能这样说,在这个领域,再没有比领导者的高瞻远瞩更加重要而且稀缺的领导力了。

除了远见之外,小幅试错也是一种重要的领导力素质,如果一家企业的领导者在技术飞速发展的时代,不具备小幅试错、持续迭代技术的素质,即使高瞻远瞩,也没有作用,因为在技术的飞速发展面前,谁都不是未卜先知的上帝。

2. 市场驱动

如果我们把技术发展看作供给侧的因素，还有另外一个需求侧的关键问题，那就是，市场是否愿意为组织的敏捷化埋单？通常我们认为，组织敏捷化意味着组织可以更好地提供多样化的产品，而不是千人一面的T型车。但是，市场愿意为这种多样化和可定制埋单吗？不同的行业在这个领域的差别非常大。现在市场上还大量存在只要满足基本功能，靠规模和标准化生产压低单个成本的需求，并非所有领域的人们都需要定制化的产品。敏捷化带来的差异化优势，并非在所有行业中都适用。

例如，在服装领域，目前就走出两条路径：一些创新型企业利用IT技术，特别是人工智能、生物特征识别等技术，实现的定制化程度远超传统服装行业，可以在普通门店提供类似传统高端裁缝店的一对一的高端定制服务，从而获得高额利润；而以优衣库为代表的企业，走上另外一条道路，在门店减少SKU（库存量单位），实现服装标准化和彻底的快销化，但是在中后台大量使用IT技术，实现门店到工厂的共享大数据分析，通过这种方式提高货品的精准性，以少的品类实现更高的利润，这是一种另类的敏捷化之路。

企业的领导者更需要思考的一个问题是：市场需要什么样的敏捷？例如，新冠疫情对很多餐饮企业的打击几乎是毁灭性的。但是我们也看到：一些企业能够在这样的艰难时期，迅速调整自己，从堂食迅速转向外卖；适时推出半成品和原料配送的外卖服务（甚至附上加工指南和菜谱）；包装符合防控要求；人员实现全程健康跟踪；企业宣传片能够结合防控要求，不仅打动人心，还赢得用户的信赖。这种贴近市场的敏捷，在这样的突发状况面前，弥足珍贵，也凸显企业高管具有敏捷性领导力。

结合技术赋能和市场驱动，我们可以对组织的敏捷化转型进行简单的模型分析（见图2），姑且以产品个性化程度作为组织敏捷化程度的代表，在一部分行业当中，这是正在发生的趋势，当然这种替代并不总是成立的。

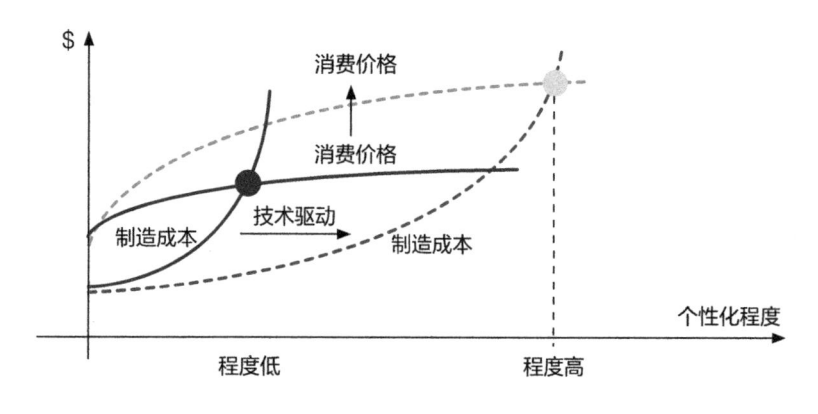

图2 组织的敏捷化转型

如果技术能够赋能组织敏捷化，使制造成本随着定制化上升的曲线变缓，或者精准地把握市场需求，让市场为敏捷化后提供的丰富产品付出更高的价格，那么收支的经济平衡点就可以往右上方移动，整个企业由敏捷化带来的利润空间（即两条虚线间的部分）就会扩大。

3. 领导力的转变

前面讲到的技术赋能也好，市场驱动也好，都是组织敏捷化的外部要素。在组织敏捷化转型的过程中，人的行为转变是根本的内部要素。从我们最近几年进行的咨询项目当中，我们看到不少组织都在进行敏捷化转型的实践，把看到的一些领导力行为转变总结下来，作为当前企业敏捷化转型的一些领导力方面的素材，供大家思考和借鉴。

前向思维

这是老生常谈，但是不得不说，在组织中，真正能够前向思维的领导者一直是少数，绝大部分领导者还是习惯于自己熟悉的模式。可喜的是，近年来我们合作的一些国内企业越来越喜欢跨界找合作伙伴进行头脑风暴，利用他山之石，来攻自己的敏捷化之玉，这是非常好的、开拓思路的做法。

重新定义工作

林光明先生在《敏捷基因》一书中，提到未来劳动力市场的转型，未来20年内，有超过50%以上的工作被自动化，或被人工智能取代。因此，对大部分企业的领导者和从业者来说，是时候重新定义工作了。哪些工作是可以被自动化的？几乎可以肯定的是，在未来的敏捷型组织中，标准化的、可数据驱动的所有工作都会被某种自动化技术（如AI）取代，而人从事的是附加值高和需要创新的非标准工作，这种变化在一些行业已经发生。

变革与试错

大型组织天然具有保守的基因和倾向，这也是组织敏捷化的一大绊脚石。如何在大型组织中建立试错的机制和文化，是组织敏捷化的一个关键步骤。但是不得不说，能够这样做的大型企业还是非常少的。基于笔者咨询的经验，大企业的体制内建立试错文化，其成功概率极低，相对成功性可能高的方式是从体制外开始尝试。在尝试的前期，除了一把手之外，项目的其他人员与原有企业实行适度隔离是一种相对容易成功的做法。当然这样做，对企业领导者的管理魄力要求很高。

技术敏感

对技术敏感已经成为未来企业敏捷化变革的一个基本要素，在我们服务过的一家大型企业中，人力资源部门的许多专家，都开始学习类似Python的脚本语言。因为他们的企业正在推动敏捷化转型，人力资源部门有大量的劳动力数据需要挖掘，传统外包费时费力，因为供应商学习其内部业务逻辑的难度其实远远大于他们的人员学习Python的难度（很多企业知道这个事实，但是为了逃避学习新知识闭口不谈）。这家企业的人力资源部门对新技术的敏感程度，可以成为向敏捷化转型企业学习的一个范例。

打破部门墙与建立非职位影响力

这又是一个老生常谈的问题，实际上在韦尔奇时代就开始树立这方面的范例了，但是不得不承认，能够做这种努力并坚持下来的企业非常少。很多企业都在尝试行动学习的办法，在组织内部建立跨部门小组，打破部门边界，群策群力培育人才的同时发展业务。这个形式已经不新颖，但是能够真正做到的企业不多。笔者的一个客户，坚持了9年用行动学习方法，跨部门组织同事进行业务的发展讨论，许多当时的学员现在已经成为该企业新兴业务的骨干。不得不说，与其他方面相比，这一条真的不很"性感"，关键在于企业愿不愿意做。

共创能力

共创（Co-creation）自互联网企业的一个概念，其本质就是从"我定方向你来做"，变成"我请你来一起想办法"。共创可以是对内的，也可以是对外的。笔者的客户，有的鼓励基层员工用"共创大赛+路演"的方式在企业内部搞创新，而且企业领导还真的对胜出的小组投资（前提是小组成员自己也要投资），用共创的办法发展新的业务，极大地激发基层员工的创新热情。至于对外的共创，乐高就是最好的例子，他们邀请客户一起共创，打造自己的品牌，取得极大的成绩。

赋能于人

如前所述，在敏捷型组织中，通常管理幅度会比较大。这就产生一个问题，一个人如何管理那么多人呢？随着被管理人数不断增加，如果传统的管控型的领导者不改变风格，必然是疲于奔命的。因此发展赋能于人的能力就成了关键。实际上，在中国，新生代员工（90后或95后）普遍不喜欢管控型领导者。他们更加愿意追随赋能于人的领导。在一个敏捷型组织中，群策群力，发挥每个人的创造力是获得敏捷的关键。

貌似除了技术敏感和重新定义工作两项，其他也没有什么特殊的，都是领导力素质辞典中的老面孔。的确是这样，敏捷型组织并不需要什么高深莫测的东西,就是领导力的一种调整和适配。如果说有什么核心的元能力的话,那就是近年来大家都在热议的学习敏锐度。

学习敏锐度是迅速学习、并运用于新的和具有挑战性的领导力情境下、获得高绩效的能力和意愿。学习敏锐度,本质上,是一种"获得能力的能力",因此被称为"元能力"。

学习敏锐度包括七个要素(见图3):洞悉自我、思维视角、人际敏锐、变革意愿、驱动卓越、环境敏感、响应反馈。

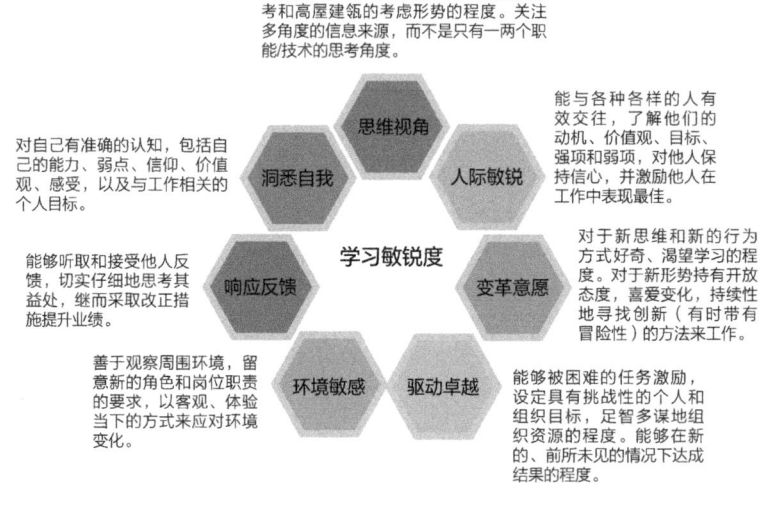

图3 学习敏锐度的七个要素

敏捷型组织的建立,要求企业有更多的学习敏锐的领导者。道理非常简单,敏捷型组织是谁都没有真正见过的组织类型,建立敏捷型组织就是一个摸着石头过河的事情。做这类事情，需要不断学习新事物，获得新能力，学习敏锐度正是获得能力的能力。学习敏锐度是可以被测量和发展的。

  我们正处于新时代，未来属于能够敏捷的组织，未来属于敏捷型人才。我们不得不承认，在如何发展敏捷型组织这个课题上，还没有完整的系统方案，也许永远都不会有，我们能够做的，就像苹果公司的创始人斯蒂夫·乔布斯说过的"Stay Hungry, Stay Foolish"，永远保持开放的心态，去学习和创造。预知未来最好的办法，是去创造它。

5 避免责任领导的五大雷区

责任领导力的核心理念是"行善"和"避害"。即,企业家需要明白什么是"正确的事",并且要有非常坚实的道德体系与价值观来支撑自己的选择,用心灵的指南针引导自己做"正确的事"。

——陈昊 龚洋冉 克里斯托弗·米思卡 | 文

过去二十几年，中国的公司一直在向国际竞争对手与同行学习如何践行企业责任。然而，这个学习过程是缓慢的，成果也不尽如人意。许多中国公司把企业（社会）责任作为一种"沟通的语言"，认为通过学习并运用这种语言可以更好地与利益相关群体（如地方政府、国际投资者、消费者等）沟通。截至2017年年底，中国约有四分之一的上市公司根据不同的披露指南与规则发布企业责任报告。根据联合国全球契约组织（United Nations Global Compact）2018年的统计数据，在中国，只有286家企业正在响应契约的号召，致力于将企业战略、企业日常运营与人权、劳工、环境保护、反腐败等促进社会可持续发展目标的普遍原则相结合。

企业责任包含很多方面，如社会可持续发展、生态可持续性等。随着中国企业国际参与程度的逐步加深，在开拓新市场和寻找投资项目的过程中不可避免地面临一个重大挑战，即寻求经济增长的同时，无法忽视可能引发的一系列与可持续发展相关的社会、文化、环境问题。然而，某些中国企业缺乏应对这一挑战的能力与决心。

跨入以创新、合作、绿色、开放和共同发展为主题的可持续发展新时代，中国企业家将如何摸索出一条能够整合经济、社会与自然环境的中国企业履责之路？如何避免履责路上可能遇到的雷区？相信"责任领导路径"（the Responsible Leadership Approach，RLA）能给中国商业领袖以启发。

责任领导路径之定义与范式

基于斯塔尔（Stahl）与萨利卢克（Sully de Luque）在2014年提出的有关责任领导力的论述，本文笔者之一，维也纳经济大学克里斯托弗·米思卡教授与他的合作者们（修比、梅尔、门登霍尔），在2014年与2018年的论文中从"行善"和"避害"两个方面来定义责任领导。"行善"意味着企业参与增加社会福祉的活动，例如：以高于法律要求的标准支持社区发展；为员工提供友好的工作场所和环境；为残疾人提供工作岗位等。相对而言，"避害"意味着企业要尽量避免任何对利益相关群体和社会产生有害影响的活动，例如：消除招聘中的歧视；建立和履行员工（职业）安全保障制度；致力于保护环境、产品安全以及预防腐败等。

责任领导路径有两个关键假设：其一，企业家合法合规管理经营企业；其二，在此基础上，企业家根据利益相关方的需求"自主"选择符合自身道德价值观的决策，尤其是在缺乏法律规范的情况下。换句话说，企业家需要明白什么是"正确的事"，并且要有非常坚实的道德体系与价值观来支撑自己的选择，即用心灵的指南针引导自己做"正确的事"。

责任领导路径有着较强的自主性，即每一位企业家对企业责任可能有着自己的理解与诠释，因此践行责任领导路径的目标与过程是丰富多样的。

从"利益相关群体纳入度"与"企业责任范畴"两个维度，企业几十年来的企业责任实践可以分为三大范式，即"代理人视角"范式、"利益相关者视角"范式和"融合视角"范式。其中,"利益相关群体纳入度"是企业在多大程度上考虑其利益相关群体。"企业责任范畴"是企业在实践中,如何定义其企业责任的外延与内涵(见表1)。责任领导通常既"行善"又"避害",基于个人核心价值选择最符合自己伦理道德标准的范式,并决定该范式的应用深度与广度。与此同时,承担行为与选择的后果和潜在挑战。

表1 责任领导路径的三大范式

三大范式	利益相关群体纳入度	企业责任范畴	范式的特征	范式的潜在挑战
"代理人视角"范式	低	狭窄	管理者作为股东代理人,以最大化股东利益为目标	● 可能损害(非股东)利益相关群体的合法利益 ● 可能损害企业的长期合法性
"融合视角"范式	中	中等	企业家与管理团队将股东利益最大化和社会、环境目标共同整合到企业战略设计中	● 企业战略的变革或淘汰可引发企业责任关注点的转移,因而影响履责的有效性与合法性 ● 管理层变更可导致企业战略变化,引致企业责任重心变化(导致非延续性)
"利益相关者视角"范式	高	宽泛	企业家与管理团队致力于通过承担企业责任来解决实际问题(如气候变暖、消除贫	● 实际操作复杂,常常需要考虑超越经济/商业的收益,对企业家和管理团队要求很高 ● 企业家需要有很强的伦理道德观;能够清晰辨别

续表

三大范式	利益相关群体纳入度	企业责任范畴	范式的特征	范式的潜在挑战
"利益相关者视角"范式	高	宽泛	穷)从而实现可持续发展	受企业直接与非直接影响的利益相关群体;具备必要的技能和胜任能力(如自我认同能力、换位思考能力、社会灵活性等)

选择"代理人视角"范式的企业家,遵循的是经济学家米尔顿·弗里德曼(Milton Friedman)的经济学逻辑,认为"企业的社会责任就是增加企业利润"。管理者认为自己是股东代理人,企业的唯一目标是实现企业利润和股东价值的最大化。采用这种范式的企业往往将企业社会责任视为公司的额外成本,并倾向于将企业社会责任作为一种公关工具。最近十几年里,频频出现金融机构与大企业丑闻和破产案例(如雷曼兄弟的破产等),究其根本,原因是这些企业笃信"股东至上"。纯粹的"代理人视角"范式,容易让企业陷入只关注实现股东利益的困境。当股东利益、经济利益与社会、环境利益矛盾时,企业便无法走出这一困境。

相对而言,采用"利益相关者视角"范式的企业家,往往倾向于考虑更为广泛的企业利益相关群体,遵循内心价值与伦理道德标准,构筑企业利益相关群体网络,把他们纳入决策的考量范围。采用这一范式的企业家通常致力于解决与可持续发展相关的问题,如社会民生、气候环境变化等。

君乐宝乳业的创始人魏立华，自1995年创办企业以来，专心研发与销售酸奶产品，市场增长稳定，取得很好的业绩。2008年的"三聚氰胺事件"让国产奶粉行业遭受沉重打击，面对国人花高价"疯抢"海外奶粉，他下定决心，要让中国消费者再一次信任国产品牌，喝上高品质的国产奶粉。与此同时，他还定下目标，要做就做物美价廉的奶粉，保证奶粉质量的同时，绝不要高价。

作为企业的核心人物，魏立华将自己对国家对民族的使命感，对行业对消费者的责任心与道义，化为企业发展的目标。他说服核心团队成员，顶着巨大压力与风险，毅然决然地进入奶粉行业，四年来默默耕耘，成功打造出具有世界级品质的君乐宝奶粉，不但在国内市场站稳脚跟，还获得英国零售商协会（British Retail Consortium，BRC）的权威认证，一举打入国际市场。

运用"融合视角"范式的企业家，往往采用折中方式，将前两种范式融合，遵循"好的道德就是好的商业"这一战略思想。他们通常会先识别出企业能够有效解决的关键问题，并在解决问题的过程中构筑企业的最强竞争优势。

雀巢（Nestle）公司在中国的咖啡业务发展，就是采用这一范式的典型代表。雀巢公司于二十世纪八十年代末期进入云南，免费为当地农民提供咖啡豆种植的相关技术、专业培训与咨询服务，并为这些农户提供必要的资金支持。

雀巢公司并未与农户建立雇佣关系，而是让农户自由选择其客户，允许他们将咖啡豆卖给其他公司（如星巴克等），从而获得更多的经济收入。通过这种合作共赢的方式，农户种植咖啡豆的积极性得到极大的提升，雀巢公司也得以进一步构筑竞争优势（如开发咖啡豆种植技术、建立咖啡豆认证体系等），有效把控咖啡豆的来源与品质。相比购买第三方认证农户（如公平交易认证农户，Fairtrade）生产的绿色咖啡豆，这种方式能够让采购价格更低廉，保障雀巢公司的长期经济利益。

但是经过几十年的发展，雀巢在云南的模式正面临挑战。关于雀巢咖啡体系是否仍然可持续的讨论已经出现，人们也开始质疑当初雀巢引入的咖啡豆品种单一，给农户带来潜在风险。雀巢的影响力带来的依存关系正逐渐成为当地可持续发展的阻碍，聚焦企业战略的"融合视角"范式无法完全解决这一问题。

责任领导路径之三个层面

由于个体在本质上是嵌套在企业、国家、文化和社会环境中的，尽管企业家能够在很大程度上践行自己的核心价值与伦理道德，但其选择很难完全脱离环境，或多或少地受到公司战略、国家政策以及制度环境的影响甚至阻碍。例如，一位希望选择"利益相关者视角"范式的企业家，可能由于企业资源与发展阶段的限制，无法施展拳脚。与传统的领导力理论和框架不同，责任领导路径理论与框架关注企业家所处的企业环境与外部制度、社会环境，考虑权变情景中企业家与环境因素的交互作用（见图1）。

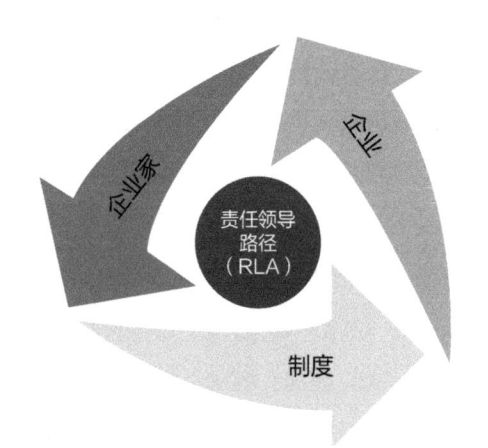

图1 责任领导路径的三个层面

具体来说,责任领导路径需要综合考虑三个层面,即微观(企业家)、中观(企业)与宏观(制度)。微观层面聚焦企业家,即企业家的核心价值观、伦理道德,以及相关技能和胜任力;中观层面聚焦企业,如企业战略、商业模式和企业文化;宏观层面聚焦制度环境,如法律环境、社会文化、社会倡议(如联合国可持续发展目标)等。

责任领导的特征与胜任力

责任领导路径意味着企业家以核心价值与伦理道德为行为准则,背后也隐含着受其成长经历与背景、人际关系、个人愿景,以及辨识管理利益相关群体的能力等个体因素影响。其中真诚(authenticity)与担当(accountability)是责任领导的重要特质。例如,映马云池的创始人杨华毅在创业的头六年,致力于种茶区域(湖北恩施)土地质量的改善,以确保这片土地孕育的有机茶叶零农残。对于一个创业者来说,六年没有任何经营收入是难以想象的，特别还要确保团队成员的生存与发展，激励团队共同奋斗。但他的真诚与担当打动了追随他的团队成员，功夫不负有心人，创业第七年，零农残的有机茶叶产品一经投放市场便一炮而红。随着销售额的迅速增长，企业终于获得盈利，并成功吸引到风投。反思自己的创业之路，杨华毅笃信要创办一个好的企业，<u>企业家必须有担当，对自己真诚，对员工真诚，对事业真诚</u>。

在责任领导的众多关键能力与胜任力中，自我认同能力、换位思考能力与社会灵活性尤为重要。例如，自我认同能力很强的企业家，能够坚守自己的核心价值与道德理念，即使面对来自外部利益相关群体的巨大压力，也能够做出坚守核心价值的选择。

企业与制度环境对责任领导的影响

责任领导坚守核心价值，践行伦理道德，培养关键技能和胜任力的同时，需要将企业与制度环境层面的影响纳入考量。

企业层面，责任领导需要考虑诸如企业文化、企业战略、人力资源管理体系，以及公司治理等方面。国内外的企业已经开始责任领导路径的探索，为责任领导提供良好的氛围与环境。

中粮集团于2008年成立"忠良书院"，致力于培养德才兼备的企业管理者，并将这一理念贯穿于从人才选拔、任命、培训、绩效考核到评估和晋升的整个人力资源管理体系之中。

总部设在新加坡的伟创力集团（Flex）把企业文化作为企业可持续发展的核心。在公司首席执行官麦克·麦克纳马拉（Mike McNamara）的带领下，公司围绕企业核心文化

"企业社会与环境责任"（Corporate Social and Environmental Responsibility，CSER），建立一套有着人文关怀的可持续发展人力资源管理体系。随着科技制造行业中机器人代替技术工人逐渐成为行业发展趋势，伟创力并没有简单粗暴地通过裁员来提升企业核心竞争力，而是致力于营造能帮助员工提升技能水平、培养竞争力的企业环境，帮助员工应对技术革新带来的挑战。在珠海生产基地，伟创力鼓励与支持中国员工接受培训和再教育，为他们提供提升技能和胜任力的课程与奖学金，并全额资助员工考取更高的学历，实现职业转型。

践行责任领导路径的企业家需要理解与整合企业所处的制度环境，基于自己的核心价值与伦理道德，做出关键决策，并定义"行善"和"避害"两方面的具体内容。如果外部环境无法提供相应的支持，企业家需要发挥创造力，主动寻找解决方案，为这个时代所面临的亟待解决的挑战开辟新路径，发现未来机会，甚至改变现有的游戏规则。

伊利集团的企业责任实践为我们提供了启示。经过十多年的摸索与尝试，伊利逐步建立起配套的公司治理架构和管理体系，支撑其与利益相关群体的合作与健康有序发展，开拓适合自身发展的责任领导路径。伊利关注的利益相关方包括股东与投资者、政府与监管机构、消费者、产业链合作伙伴、员工、社会与环境。2017年，伊利成为中国第一个加入联合国全球契约的食品行业企业，并对标这一契约中的九个可持续发展目标。

具体而言，伊利的责任领导路径是"自上而下，自下而上，由内而外，内外协同"。伊利董事长潘刚为企业注入"产业链共赢"理念，并把"伊利信条：伊利即品质"这一企业核心价值落到实处。伊利通过打造企业强文化来吸引志同道合的伙伴，并采用物质与文化双管齐下的手段激励管理者和员工。与此同时，各个部门在工作中总结经验，并反馈到系统中，推动整个集团的可持续发展建设。2017年，伊利成立可持续发展委员会，由董事长担任主席，下设秘书处与管理平台，负责协调推进，从产业链共赢、质量与创新、社会公益、营养健康四大方面入手，整合企业内部三十个职能部门（包括质量管理部在内的十三个关键核心部门），开展日常可持续发展工作。作为绿色产业链的核心环节，质检部在企业内部串联各事业与职能部门，在产业链中把控合作伙伴产品与服务质量，内外协同打造绿色产业链。2018年，伊利获邀参与中国乳制品行业企业责任标准设计与制定，并为行业提供优秀案例。

责任领导路径之五大雷区

通过探索责任领导路径，企业家可以在日常经营管理实践中找到整合经济、社会和环境责任目标的方法，实现可持续发展。然而，企业家需要在这一过程中尽量避免以下雷区。

雷区1 以经济责任为唯一目标

不少企业家认为企业的经济责任与社会、环境责任是硬币的两面，必须做出取舍。然而，两者不是完全对立关系，本质差异在于前者往往关注短期利益，后者着眼于长期发展。因此，企业无法为"行善"或"避害"明码标价，也很难合理地为自己承担的社会和环境责任给出量化评估。

以经济责任为唯一目标的企业家,常以经济效益考核高层与中层管理人员,并为其提供货币或工具性物质激励。这种传统激励手段,旨在增加或维持企业的经济收入和利润,在支撑企业可持续发展方面收效甚微。我们建议企业引入非传统性激励,例如给予管理人员和员工仁爱与关怀,鼓励他们在工作中探索与建立和利益相关群体的健康关系,并为他们的组织成员行为提供支持与协助。传统与非传统激励方式的有机结合,能够帮助管理者转变固有思维模式,从"代理人视角"逐步转变为"利益相关者视角"。

雷区2 将"行善"和"避害"混为一谈

一般来说,企业倾向于"行善"而忽视"避害"。例如,烟草公司会在资助肺癌研究的同时继续销售香烟,矿场会捐款以履行企业责任并继续开采"血钻"。上述履责方式,通常被社会大众和利益相关群体称为"漂绿"(Greenwashing),经常引致外界对企业的负面舆论和抵制行为,破坏企业生存与发展的基础。此外,由于环境的快速变化,以及各方对企业可持续发展的期望不断提升,单靠"行善"并不足以使企业脱颖而出。因此企业需要综合考虑"行善"与"避害",将两个方面都融入责任领导路径。

雷区3 "完全抛弃企业战略"与"以战略指导责任实践"两种极端

企业家还需要注意的是,并非企业战略使公司变得"负责任"或"可持续"。这种误解源于传统企业社会责任"行善得福"（Doing well by doing good）的思想。就可持续发展而言，这一思想的内涵和外延相对较窄，如管中窥豹，仅从企业视角来看更加宏观的社会和环境挑战。事实上，企业战略扮演的仅是工具的角色。换句话说，企业战略应该成为责任领导路径的支撑而非核心内容。未来商业领袖应真正地、积极地、切实地发挥企业影响社会和环境的作用，而非简单地将其归入企业战略。

雷区4 盲从"标准答案"或"最佳实践"

责任领导路径并没有"标准答案"或"最佳实践"。正如前文所言，责任领导路径在微观、中观和宏观三个层面的结合凸显该理论框架的复杂性与重要性。因此，企业家应该拒绝做一个标准模式的追随者，在决策过程中，不但需要仔细考虑自己的核心价值和伦理道德，也需要考虑企业所处环境，针对具体情况进行分析，如日常工作场景以及宏观制度和文化环境等，通过探索与开创新方法和新形式来实现责任领导，寻找适合自身发展的有效路径。

雷区5 践行责任领导路径是企业家的"独角戏"

尽管践行责任领导路径的关键要素之一，是企业家及其核心价值与伦理道德，但这并不意味着企业家是路径中的唯一主体。正如前文讨论的那样，企业家需要考虑来自企业和制度环境的各种影响因素，还需要积极联合那些受到企业"行善"或"避害"行为直接或间接影响的利益相关群体。企业可以邀请利益相关群体代表加入董事会，与他们积极对话；也可以在社会互动中，识别和关注更大范围内的利益相关群体，并将他们纳入考量范围。

构筑可持续发展的未来,不能也不应只是企业家的"独角戏",必须通过政府、民间团体、企业和非政府组织等的共同合作才能实现。联合国可持续发展目标中,第十七条"加强实施手段,重振可持续发展全球伙伴关系",正好阐述了上述观点。事实上,很多传统行业已经采用强化合作伙伴关系的方式,来实现更广泛意义上的可持续发展。例如,由世界二十七家矿业与冶金公司及三十多个国家和地区的协会组织的国际矿业与冶金理事会(the International Council on Mining and Metals,ICMM),通过建立与践行行业公约,推动业界与政府、国际组织、社区代表、本土居民、民间组织和学术界在内的广泛利益相关群体间的持续对话,探索矿业和冶金行业的可持续发展之路。

结语

我们如同海中之鱼,失去健康的海洋,终将无一幸免。

建立责任领导之路任重而道远。事实上,我们正处于责任领导之蓝海,在探索前沿解决方案、创新实践、开发新工具等方面都大有可为。展望未来,企业的经济、社会、环境责任将愈发不可分割,都将被视为同一个拼图中不可或缺的组件。责任领导路径从企业家出发,指导企业家综合考量企业与制度环境,鼓励企业家寻找有效整合经济、社会和环境责任的新路径、新方法。相信更多的中国企业家将遵从内心的呼唤,积极探索与创新,为人类创造一个可持续发展的美好未来。

6 适商与适应性领导

适商与适应性领导具有群体属性。适应性领导作为组织活动,反映了领导过程,适商反映了结果。

——张勉 | 文

组织只有不断适应环境的变化，才能基业长青。增强组织适商，并推行适应性领导，可以帮助企业不断适应新环境，并在此过程中，推动组织不断学习，主动变革。

适商是适应环境变化的思维和能力。适商的本质是解决环境变化下的生存和发展问题。适应性领导是群体中的某个或某些成员面对环境的不确定性和模糊性，带领其他成员进行探索和学习，进而推动变革和创新，建立新的思维方式或观念的活动。

哈佛大学肯尼迪管理学院罗纳德·A. 海费茨（Ronald A. Heifetz）教授认为，组织需要解决两类基本问题，一类是技术性问题，另一类是适应性问题。技术性问题的特点是，问题本身的界定清楚，解决方法的执行路线也清楚。适应性问题的特点是，问题本身的界定模糊，解决方法的执行路线也模糊，需要通过探索和学习来明确问题，找到方法。适应性领导的目的是解决适应性问题，从而让群体提升适商。

由于适应性问题和人的思维方式或观念有关，所以解决适应性问题，非常具有挑战性。1986年，美国"挑战者"号航天飞机升空后73秒爆炸，机上七名宇航员不幸罹难。表面上看，这起事故是由一个技术性问题导致的，原因是右侧固体火箭助推器的O型环密封圈在低于常温的情况下失效。这场灾难本来可以避免，有工程师在航天飞机发射前提出疑问，但是管理层选择性地忽略了质疑。为什么会忽略？本质的原因是工程师的深层思维模式是"条件完全成熟才能干"，而管理者的深层思维模式是"有条件要干，没有条件创造条件也要干"。这两种思维模式并没有绝对的孰是孰非，但如果缺乏协调和解决两种思维之间冲突的机制,发生事故在所难免。

人类是有智慧的生物,能积累文化,能主动地选择环境,甚至在一定范围内影响和改变环境。包括组织在内的人类社会群体,应该一方面发挥文化积累的优势,另一方面有意识地增强适应环境变化的思维和能力,即增强适商。

3-3-3结构图

适商和适应性领导应该从群体层面来理解,而不把它们归结到某个人的头上。因为解决适应性问题,不能仅靠领导者,追随者的参与也很重要。在适应性问题中,追随者本身就是问题的一部分,不是只交给他们一个答案,由他们执行就可以。相反,他们必须参与解决问题的过程,构成答案的一部分。

由于解决适应性问题需要群体成员的广泛参与,组织应该对权力结构做出调整,让对业务、市场和技术熟悉的员工拥有更多的权力,达到所谓"动车跑得快,动车组来带"的效果。

把适商看作一种群体属性,有利于占据管理位置上的人保持谦虚冷静的心态。他们应该明白,一个群体的改变不仅是他们个人的某种特质、能力或行为,还是其他成员配合的结果。

本文的主要观点可以用图1来说明。图1包括三个嵌套的三角形,每个三角形的顶点表示本文要论述的一个点。图1中,AI是英文Adaptive Intelligence的缩写,意思是适商。AL是英文Adaptive Leadership的缩写,意思是适应性领导。在图1中,组织适商包括三个方面(AI1、AI2、AI3),适应性领导包括六个方面,其中三个方面和认知(Cognition)相关(AL-C1、AL-C2、AL-C3),另外三个方面和行动(Action)相关(AL-A1、AL-A2、AL-A3)。适应性领导作为活动,反映领导过程,适商反映结果。

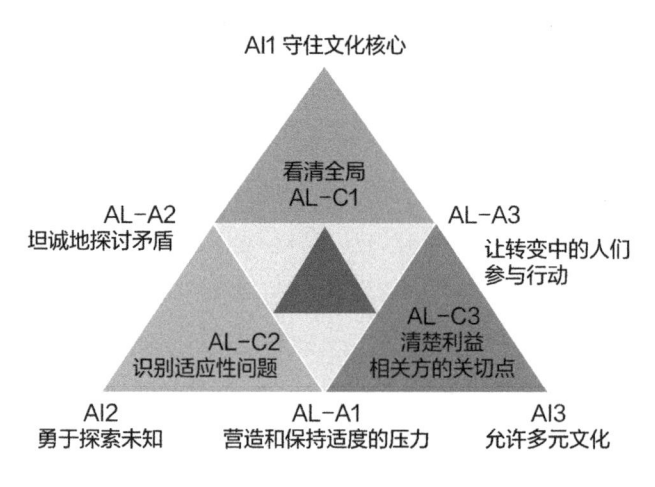

图1 适商和适应性领导的3-3-3结构

增强组织适商的三原则

原则一(AI1):守住文化核心

也许有人认为,为了增强组织的适应性,需要变、变、变。恰恰相反,在变化的环境中,组织需要必要的保守。适商不是为了改变而改变,而是为了守住和发扬组织的文化核心。文化核心就像是宝贵的孩子,我们不能在倒洗澡水的时候,把孩子和水一起倒掉。组织适商越高,越会表现出文化自信,保持和发扬作为立身之本的文化传统。文化中最核心的部分,也是最稳定的。守住文化核心，组织就能抵御种种诱惑和干扰，越有可能做到基业长青。

文化核心就是组织的愿景、使命和核心价值观。愿景反映的是一个组织希望自身实现的理想，使命代表一个组织承诺要为社会创造何种价值。在愿景和使命之间，因为使命带有利他的特点，组织应该更强调使命。偏离了使命，组织的愿景也将成为空想。不忘初心，牢记使命，组织才能永续发展。

文化核心不变，但反映文化核心的制度、流程和行为规范等应该与时俱进，不能因循守旧。例如，笔者参观过一家企业，其企业精神是艰苦奋斗。员工问，现在生活富裕了，还需要艰苦奋斗吗？答案是需要，艰苦奋斗精神再过一百年也不会过时。不过，表现艰苦奋斗精神的行为规范，应该改变。过去在恶劣的工作环境下忘我工作是艰苦奋斗，现在为了企业的使命，给自己提出更高的创新要求，物质上不苦，但是脑力上苦。虽然形式上有变化，但是艰苦奋斗的文化核心并没有改变。

原则二（AI2）：勇于探索未知

为了增加适商，组织需要探索多种可能性。适应性无法通过克隆来达到，必须要有变异的存在，也就是需要创新。创新缺乏效率，失败是不可回避的成本。如果组织用效率的思维来从事创新，往往会在虚假繁荣以后收获甚微。应该怎么做？首先，组织要学会容忍失败，营造一种让员工勇于探索未知的氛围，让他们感到"只要是高标准地要求自己，失败了，也没关系"。其次，要有容错机制。失败时，重点考虑的不是问责个人，而是思考和改进系统，并给创新失败的人提供东山再起的机会。

在探索未知中，人们应该对"皮格马利翁"效应有更多的信心。"皮格马利翁"效应是指，在没有经验证据表明一个信念正确与否之前，如果付出不懈的努力，美好的理想和信念会变成有经验支持的现实。"皮格马利翁"效应远远不是人类行为的精神安慰剂。相反，它有重大的意义。作家茨威格在《人类群星闪耀时》的一个纪实故事中，生动刻画了"皮格马利翁"效应在人类历史上的作用。1854年前后，一位美国商人居鲁士·菲尔德开始计划铺设美洲到欧洲的越洋海底电缆。在当时，这个想法只是理论上可行，有太多的不利因素阻碍这个想法变成现实。菲尔德经历了四次失败。第一次电缆铺设了620千米，缆车出现故障，电缆坠入海底。第二次遇到恶劣天气。第三次失败最为惨痛。虽然开始连接成功，但紧接着的三次失败，让菲尔德从英雄一下子变成罪人，资金花光，信用丧失。1865年，菲尔德再次努力，但很可惜，第四次铺设的电缆在快要抵达目的地的时候出现问题。1866年7月，第五次的努力终于获得成功，遗失的电缆也被找到。两条电缆把两块大陆第一次连接在一起，人类的创造力极大地缩短了空间距离！

原则三（AI3）：允许多元文化

在需要不断变革和更新的时代，组织文化尤其是成熟组织的文化，不能仅是一元的、大一统的。尽管文化不是用刚性的制度来管理人，但是一元的文化会强化控制性而不是灵活性。

强势的一元文化可能让组织在正确的道路上走得更快,从而成功得更快。但是也有可能让组织适商减少,变得越来越不适应变化的环境。保留一些多元文化,有利于提高组织适商。

交响乐既有主旋律、主乐章,也有变奏和分乐章。类似地,组织需要在主流文化下容忍,甚至鼓励亚文化的存在和发展。只要亚文化不是由于不同政治利益而形成的,而是由于不同的客户特点、分工、层级和地域形成的,就应该允许甚至鼓励这些亚文化的存在。对组织来说,适商可能来自某种亚文化和主文化的不一致,甚至是建设性的冲突。如果一个组织中只有一种文化,没有亚文化,长远来看,对组织发展非常不利。

如果亚文化更适应环境,今天的亚文化可能变成明天的主文化。但是,即使亚文化成为主文化,也不是对文化核心的否定,而是对文化核心的丰富和创新。这是因为:第一,如果亚文化和主文化差异很大,在亚文化强大到成为主文化之前,往往已经被主文化排斥;第二,如果组织中的某种亚文化通过否定文化核心,成为主文化,有很大的可能难以持久。

如果真的是文化核心发生了改变,那么这个组织尽管名称没有变,但是从文化的意义上讲,这个组织已经不再是过去的那个组织。例如,惠普公司尽管名称没有改变,文化核心已经发生了根本性的变化。从文化意义上说,今天的惠普公司已经不再是当年休利特和帕卡德建立的那家惠普公司。

适应性领导的六大要点

适应性领导包括以下六个要点。其中要点一到要点三和认知相关，要点四到要点六和行动相关。完整的适应性领导，应该是知行合一的活动。

要点一（AL-C1）：跳出画面，看清全局

发现适应性问题的基础，是对问题嵌入的背景有全面深刻的了解。适应的目的不是局部最优，而是希望在尽可能的情况下，达到全局最优。

海费茨教授认为，要发起适应性领导活动的第一步，就像是从舞池走出来，走到一个有全局视野的阳台上，认真观察舞池中人们的言谈举止，看清全局后，再回到舞池，尝试其他步骤，有时可能需要反复进出舞池。在这个比喻中，舞池指的是工作场所，阳台指的是能观察到全局的位置。

管理学大师德鲁克认为，要看清全局，需要把自己想象为旁观者，"旁观者清"。很多人无法暂时摆脱个人或本位利益得失对思维的限制，而这种限制恰恰是跳出画面、看清全局的最大障碍。因此，实践中把自己想象为旁观者并不容易，需要刻意训练。

跳出画面、看清全局的过程中，需要跳出多远？笔者认为，中等距离是最合适的观察和思考的距离。这里的距离不是指物理距离，而是认知和心理距离。离得远，我们看不清认识对象；离得近，认识对象的细节呈现太多，会变得纠缠不清。决策过程中的旁观者往往会在观察中发现秩序，并宣称秩序具有普遍性。可一旦他们的角色转换为决策者，变成局中人，就会感知到各种形式的混乱和不一致。因此，跳出画面后，如果要真正理解全局，看清全局，往往还需要多次出画、入画、再出画、再入画的循环。

要点二（AL-C2）：识别适应性问题

识别出适应性问题，并找出问题产生的根源，才能对症下药。技术性问题和适应性问题往往同时出现，需要区别它们。海费茨教授提出一个经验方法，如果解决一个问题后，过一段时间类似的问题重新出现，这个问题很可能就是适应性问题，而不是技术性问题。适应性问题之所以难，是因为想要解决它，需要人们在思维方式和观念上发生转变。

私营企业在发展过程中，会遇到以下两个常见的适应性问题：第一，从人治到法治的转变；第二，表面看是市场经营出现了问题，实际上是创始人能力达到极限的问题。如果企业创始人不能意识到这一点，会出现高管频繁换，企业却走不出困境的现象。相反，如果企业创始人意识到这一点，就有利于企业采取各种机制来应对。例如，聘请更有能力的CEO、提高企业的学习能力、强化制度化建设等。在应对这些适应性问题的过程中，企业创始人带头转变思维很关键。如果创始人把自己的权威、荣誉或情感凌驾于企业之上，而不是以利于事业发展为出发点，就很难做出根本性的转变。

国有企业改革进入深水区后，最难的问题就是适应性问题。以国有企业三项人事制度改革为例，人事制度改革思路很清晰：员工能进能出，干部能上能下，工资能高能低，但是推行过程中阻力重重。本质原因是，国有企业文化体系中一些固化的观念，尤其是某些国企干部中的官本位思想，以及员工和企业过度嵌入的关系。

这些固化的观念是阻碍国有企业改革的适应性问题。根深蒂固的官本位思想导致一些国企干部习惯于向上看，过于关心上级的喜好，而不真正关心企业的市场地位。解决国企的适商问题，需要国企干部的考核更市场化，更注重业绩。对干部的评价应该更民主化，加大群众对干部的评价比重，全面评价干部的综合素质和能力。另外，在某些国企中，员工和企业之间是一种过度嵌入的关系。固化的观念是：员工是企业的主人，企业要为国家维稳，国家要为企业兜底。这种观念下，一些国企一方面留不住人才，另一方面又沉淀了沉重的人员包袱。要走出困境，需要转变员工思想，不仅提倡员工是企业的主人，更应该提倡员工是工作的主人。国企属于全国人民的，在国企工作的员工，主人的身份占一部分，但大部分的身份是管家。管家能力强，干得好，必须奖励，但是不宜混淆主人和管家的身份。对于能力强的管家，东家的代表（即国资委和各级地方政府）应该进一步放权，让管家能在规则范围内自主决策，激发他们的工作热情。

尽管解决国有企业的适应性问题非常有挑战性，但前景令人乐观。首先，在国企的管理队伍中，有一批能力出众、改革动力强的高层管理者。一旦把这批管理者选拔出来，放在"一把手"的位置上，企业就能发生可喜的显著变化。其次，国企中还有一批年龄在30岁到40岁的中层干部，他们的管理思维很市场化，并有推进改革的强烈愿望，和其他观念保守的中层差别很大。他们将成为转变国有企业中传统思维方式和观念的中坚力量。

要点三（AL-C3）：清楚地知道利益相关方的关切点

解决适应性问题，需要清楚地知道利益相关方的关切点。在此基础上，充分照顾到各方利益，建立起最广泛的同盟。由于人们担心各种损失，包括有形的利益损失和无形的心理损失，因此思想观念上倾向于保守，如果看到和自己观念不同的信息，他们会选择性地使用信息，甚至曲解信息来维护自己已有观念。只有清楚地知道人们的关切点，缓解人们对于变革的担心，才能获得最广泛的支持。

笔者参加过一项咨询项目，帮助一家有深厚文化积淀的国有电力企业做文化建设。包括高层和中层在内的企业管理人员，都认可课题组通过文化诊断发现的问题，也对文化变革的大方向有共识。但是，讨论文化理念层的具体措施时，能明显感觉到企业高管和中层管理人员有不同的关切点。"一把手"年轻有为，希望通过有魄力的文化变革，带动企业经营和管理水平更上一层楼。资深的中层管理人员担心文化变革用力过猛,影响既有的权力和利益格局,甚至损害他们的利益。最终通过的方案,是在保持大原则的基础上,反复磋商的结果。例如,对于企业精神的表述,重要的修改就达四次。

国有企业人力资源改革的关键,在于培养起能力强的员工队伍。越是能干的员工,越不担心流动。抱着一家企业不放手的,往往是能力有限的员工。因此,应该把员工的关切点从终身雇用引导到拥有受雇用的能力上来。需要强调的是,此处的能力是指在市场上有价值的能力。这需要国有企业把人才培养机制的优先权提升,加大投入,并通过内部流动机制,如轮岗或建立内部人力资源中转池,锻炼员工的适应性。应该去除阻碍人才在国有企业内部发展的制度化因素,选拔人才时,坚决突出有市场竞争力的能力因素,培养组织上下尊重市场、认可能力的意识,改变"只要听上级的话,就是好干部"的观念。

要点四(AL-A1):营造和保持适度的压力

根据埃德加·沙因教授的观点,要使人们思想发生转变,首先,需要让他们有生存焦虑。但是,组织不能只是增加这种担心,担心过度,人们会对改变的信心不足,同样也不会产生改变意愿。其次,组织需要帮助人们克服学习焦虑。学习焦虑是对适应一种新环境所需要付出的努力的担心,担心自己改变不了。对大部分人来说,当思维方式和观念需要转变时,内心下意识是抵制改变的。

沙因教授指出，人们抵制变革，有三个阶段。首先，会否定改变的意义，认为改变并不重要。其次，如果顶不住，会推卸改变的责任，认为改变和自己无关，如果要改变，也是其他人需要改变。最后，如果还是顶不住，改变已经成为大势所趋，会想办法和变革的发动者讨价还价，维护自己的既得利益。对领导者来说，如果人们开始讨价还价，应该把它看作一个积极的信号：人们已经准备改变了。

如果说生存焦虑是推动改变的力量，那么学习焦虑就是阻碍改变的力量。生存焦虑如果小于学习焦虑，人们不会改变。比较好的方式是，组织保持适度生存焦虑，同时减少人们对改变的学习焦虑。如何帮助人们克服学习焦虑？最重要的是，营造改变过程中的心理安全感，即人们在探索性地做出改变的时候，不会担心因为出错而受到惩罚。这个安全感和生存焦虑并不矛盾。生存焦虑是让人们意识到不变不行，心理安全感是指一旦人们决定投身于改变中，他们在多大程度上感到改变是安全的。

人们之所以有学习焦虑，主要是因为担心未来前景不明，自己不能适应新环境，出错后会有利益损失，或者没有面子等。因此，营造心理安全感时，组织应该鼓励人们要有信心，并提供培训和锻炼的机会，让人们感到未来是有光明前景的，让人们知道改变的过程中不会有明显的利益损失，甚至谁先改变谁先受益。相反，如果没有心理安全感，人们就会想办法回避失败，抵制改变和创新。

华为公司的领导人任正非先生在这方面有杰出的表现。他在华为还没有真正遇到危机时，就大声地提醒员工，"冬天要来了""华为的红旗还能打多久""下一个倒下的会不会是华为"，营造出危机氛围，让员工们警醒并保持一种积极求变的心态。当行业的寒冬真的来临，他又大声疾呼："冬天来了，春天还会远吗？"给干部和员工鼓劲。华为公司在不断的探索中，走出一条国际化道路，开辟新的市场增长点。

要点五（AL-A2）：在信任的基础上，开诚布公地探讨矛盾

医生面对疑难杂症，要想取得好的治疗效果，需要和病人建立相互信任的关系。为了解决适应性问题，领导者也需要和他人建立信任关系。否则，人们很难接受改变。信任来自领导者和他人之间根本利益的一致，以及领导者过往的声誉和品德。

在信任的基础上，双方应该坦率地直接面对适应性问题，不能回避和转移矛盾。否则，只会延迟适应性问题的解决，当问题爆发时，表现得更为激烈。适应性领导者会把人们的注意力聚焦到矛盾上，让人们感到不适，却创造性地引导人们解决矛盾。通用电气公司的杰克·韦尔奇担任CEO之初，接手的是一个弥漫着官僚主义气息的公司。他上任后，面对矛盾，推行一系列新的经营和管理措施，把通用电气重塑成一个充满活力的"巨无霸"。例如，公司当时有大量的冗员，必须缩编。在韦尔奇的推动下，公司实施了称为"271活力曲线"的绩效管理措施。这里面最难的，是10%的员工要被淘汰。韦尔奇告诉管理者，如果不能在员工职业早期就发现这最差的10%，不仅是他们作为管理者的失败，在道德上也是一种伪善。因为当企业业绩下滑，必定会有一个CEO上台，并迅速做出裁员决策。如果管理者的伪善，导致员工到了职业的中后期被裁，这对于他们来说更残酷。韦尔奇不仅让管理者直面一个很棘手的难题，即淘汰不合格员工，也启发管理者认识到淘汰不合格员工的积极意义，使管理者面对被淘汰人员的时候，减少了道德上的负罪感。

适应性问题需要人们一起行动，共同寻求解决方案。在这个过程中，领导者没有标准答案，但是能问出正确的问题，明确努力的方向，还能给予人们充分的鼓励，争取各种资源。笔者的一位MBA学生曾说，领导就是给人方向、给人希望、给人力量。这句话用在这里，非常合适。

笔者的父亲做过一个手术，术后不停地打嗝，睡不了觉，很苦恼。主治医生对此束手无策。笔者和母亲万般无奈，求助一位多年的朋友。他是一位全科医师，自学成才，有丰富的经验。他帮助分析打嗝的原因，指出可能是手术后，个别神经没有复位，这为寻找办法指出方向。最后，摸索出来的方法是：在保证伤口缝线安全不裂的情况下，让父亲闻加热过的辣椒面，辣椒面产生的刺激性味道使父亲激烈地打喷嚏，居然神奇地治好了打嗝！亲历过这件事情后，笔者对于临床医学实践中需要面对问题的复杂性，印象深刻。之所以举这个例子，是因为管理实践和临床医学之间，有很多相似的特点。即，面对复杂问题时，权威不见得有标准答案，即使有，也不见得对自己有效,很多时候只能在方向明确的前提下,由人们自己探索合适的解决方案。

要点六(AL-A3):让转变中的人们参与行动

人们对于被动接受的指令难以产生承诺感,容易放弃。因此在变革过程中,组织要广泛听取群众意见,让受到影响的人们参与变革。让人们支持一项工作的最好方式,就是让他们参与工作。心理学研究发现,当人们处于模糊情景中,或者还没有形成稳定的态度时,人们根据自己的行为来推断他们的态度。因此,让人们转变思维和观念的一个好办法,就是动员他们行动起来,大胆地做出尝试。

我国在20世纪50年代末60年代初,以鞍钢为代表,创造出了"两参一改三结合"的管理模式。"两参"即干部参加生产劳动,工人参加企业管理;"一改"即改革企业中不合理的规章制度;"三结合"即实行企业领导干部、技术人员、工人三结合的原则。这是一种非常好的符合适应性领导的管理模式,不管干部或工人,都从活动中获益。可惜的是,这个管理模式在执行中逐渐背离解决适应性问题的目的,变成形式化。

"两参一改三结合"的管理模式,对于今天的企业,尤其国有企业,仍有借鉴意义。观念的转变不是凭空发生的,需要有行动的抓手。要真正有效果,需要企业高层管理者开始,转变工作作风,坚持"两参一改三结合"的管理模式,带动整个企业通过行动提高组织适商。

韦尔奇在美国通用电气公司主导发起了"群策群力"（Workout）的活动。韦尔奇认为，解决庞大官僚机制带来的问题，清除官本位思想，最有效的办法就是调动一线员工参与管理决策，集思广益，从而使复杂的运营管理得以简化，运营效率得以提升。韦尔奇回忆，20世纪80年代后期，他在通用电气的培训中心与学员交流，鼓励学员提出各种问题。韦尔奇认为，"我们必须改变这种状况，我们必须解决这些问题，我们必须把了解问题答案的一线员工带到现场决策中来，我们必须要求言行不一的管理者直面员工"。"群策群力"活动把管理人员和员工充分调动起来，通过切实有效的行动，打破管理人员和员工在过去官僚机制下形成的思维惯性，激发出群体适商。

结语

在当今这样一个复杂多变的时代，解决适应性问题对组织来说，变得更重要。那种解决技术性问题的领导方式，即"领导高瞻远瞩，下属埋头执行"，将越来越难以奏效。领导者应该让广大员工更有机会发挥积极性和主动性，愿意并能够在岗位职责范围内做出决策，提出改进建议。组织需要的不只是人的一双手，更需要他们的脑子和心，需要他们用好自己的知识、经验和判断力。

笔者提出的"高赋能组织管理模式"，是指通过帮助员工建立使命感，授予干工作的自主权，增强员工的能力，充分调动员工工作内在积极性的组织管理模式。这种模式的关键是赋能，核心思想是减少自上而下的控制，让员工拥有更多的权力，从而有更多决策和行动的自主空间。适应性领导无论在理念上，还是在操作实践上，都和高赋能组织管理模式非常契合。

  笔者相信，适应性领导配合高赋能组织管理模式，将发挥出巨大的威力，通过提升组织的适商，助力组织基业长青。

7 领导者如何创造商业与社会的双重价值

"平衡商业价值和社会价值"是一道企业战略设计难题,并已逐渐成为当代企业转型升级,实现可持续发展的重要指标。那么,如何平衡商业价值和社会价值?需要把握三项关键领导能力,即期望识别能力、优势创新能力和联盟协同能力。

——莫申江 | 文

什么样的企业更可能获得持续发展？是强调商业价值的企业，还是强调社会价值的企业？抑或二者兼顾的企业？

一项为期5年的对比研究发现，由商业价值和社会价值平衡表现最佳的5%公司组成的道琼斯可持续发展指数（Dow Jones Sustainability Index）的投资回报率，相比全球指数的表现平均高出36%。换言之，积极完善公司治理、关注生态效益、履行公民责任的大型公司，相较于其他传统公司，真的能够获得更加丰厚、更为稳健的绩效回报。永续资产管理公司（RobecoSAM）的首席分析师格林沃德（Christopher Greenwald）总结，企业投资者想要实现长期商业价值，必须充分理解商业成功与永续绩效之间的内在联系，并积极开展社会责任投资。

与之相应地，越来越多的企业家在公开演讲场合，放弃了一味强调公司卓越盈利能力和过往绩效表现的传统路线，转而选择与听众们倾情分享自己的社会理想、团队倡导的共享理念，以及企业发起的责任活动，如Apple的环保工具（Greenest Gadget）计划、阿里巴巴的公益生态圈等。他们已经意识到企业与社会共赢共荣的重要性，并希望通过创造社会价值，以获得利益相关方的持续支持。

而引起我们注意的是，在现实商业社会中，上述观点仍然遭到众多质疑和挑战。"暴力慈善"造成股东利益直接受损，环境保护促使运营成本显著上升，关爱社会导致企业目标定位模糊等一系列现象和事件，促使我们必须回过头来反思，社会价值真的可以与商业价值兼容吗？企业领导者应该关注哪些关键理念和能力，才能创造商业与社会的双重价值？

创造社会价值的路径

企业领导者秉持恰当的责任型发展战略观念,是企业实现商业和社会双重价值的重要基础。当前企业关注社会问题,创造社会价值的主要实践路径,与企业社会责任(CSR)战略理论的演进历程相对应,大致可以分为以下三种类型。

CSR 1.0:聚焦内容形式

20世纪70年代末,管理学家卡罗尔(Archie Carroll)提出,企业平衡商业价值和社会价值的关键,是在达成各项经济发展指标的同时,积极考虑如何在遵守法律法规、倡导商业公德、参与公益慈善等方面均有所表现。

遵循这一思路的典型企业实践是,"慈善捐赠"和"公益基金"成为"宠儿"。许多公司竞相成立各种形式的公益慈善基金,并不惜成本地投入大量资金,派遣人手组建慈善管理部门,推动企业进军不太熟悉,甚至完全陌生的社会公益领域。

不否认积极投身慈善事业的企业和企业家受人敬重,但这种创造社会价值的方式存在明显的局限性。一方面,企业履行社会责任,一定不是完成一张检查表(Checklist),不需要面面俱到,并非每一家企业都需要采取慈善捐赠的方式来体现其社会价值。另一方面,许多实证研究结果表明,参与慈善捐赠的企业并不一定能在未来获得满意的业绩回报。这一思路下,企业领导者容易将商业价值与社会价值相互分离,甚至完全对立起来。

CSR 2.0：聚焦核心能力

迈克尔·波特（Michael Porter）和马克·克莱默（Mark Kramer）认为，商业价值和社会价值是可以相互兼容的，但绝不能用一套通用标准来指引所有企业实现这种平衡，而应当从分析自身的战略目标与核心能力开始，扬长避短，有效解决特定社会问题的同时，进一步巩固和提升自身的核心竞争优势。

遵循这一思路的典型企业实践是，基于企业自身发展战略和竞争优势分析，设计和实施社会责任项目。例如，腾讯公司利用自身互联网技术专长，成功发现并利用"报错页面"这一网络冗余资源，帮助众多家庭找回失踪儿童（失踪儿童找回率由0.1%提升至6.25%）的同时，为员工提供机会来充分施展自身技能。有意思的是，参与项目的过程中，许多员工不求额外报酬，利用休息时间，设法攻克难题。这不仅没有影响员工的日常工作，反而大幅提升员工的荣誉感和成就感。又如，汶川地震过后，万科公司虽然遭遇了"捐款门"的"尴尬"，但在绵竹遵道地区，万科充分发挥其所长——房屋建造组织和安全管理能力，为遵道居民解决灾后房屋重建的燃眉之急，收获当地居民的高度称赞，无形中成功"占领"区域市场，缓解"捐款门"带来的负面影响。

不难发现，基于企业核心能力来选择社会责任项目，是企业实现商业和社会双重价值的一条可行路径。然而，这一思路仍然存在着局限性。它过于突出企业当前的战略诉求和优势特色，缺少对"哪些利益相关方与企业长期发展密不可分""他们的迫切期望是什么""如何实现企业的长期永续发展"等面向未来发展的战略问题的深度思考。

CSR 3.0：聚焦共生关系

近年来，生态系统（Eco-system）概念越来越被人们所熟悉和接受。它把企业的发展环境类比为人类的生存环境，强调企业与不同利益相关方间存在共生关系。因此，企业作为一名社会"公民"（Corporate Citizenship），倘若只思考"我擅长给利益相关方提供什么"是远远不够的，必须换一个角度，积极关注"我能够为核心利益相关方提供什么服务"，进而回应"我凭当前能力是否做得到？倘若做不到，如何创造条件去做到"。

遵循这一思路的典型企业实践是，清晰识别与自身发展最为紧密关联的核心利益相关方，并充分理解他们的迫切诉求，进而结合自身优势和专长，尽力实现与之共同成长的目标。例如，诺基亚在2011年，将智能手机和移动设备业务剥离卖给微软，从而全球裁员约18000名员工时，提出并实施"桥梁计划"（Bridge Program）。时任诺基亚执行副总裁、首席责任官，"桥梁计划"的主要推动者阿霍（Esko Aho）先生接受访谈时，指出，诺基亚最为宝贵的财富就是具有良好教育背景和技术专长的员工团队，他们是企业名副其实的核心利益相关方。当诺基亚不得不裁减部分高素质员工时，企业积极思考如何帮助他们平稳完成工作转换，协助怀有创业梦想的员工健康起步。在"桥梁计划"的大框架下，诺基亚帮助面临裁员的员工提升业务和管理能力，协助他们快速对接社会机遇和创业资源。短时间内,被裁员工中的60%重新找到满意的工作,另有1000家新创公司在全球13个国家创立。这些诺基亚扶持成长的技术型"新星"成为公司强大的外部联盟网络,显著拓展了诺基亚的实际技术边界和提升了诺基亚的市场潜力。值得注意的是,当外部媒体还在大肆宣传诺基亚面临重大危机时,诺基亚忍痛切除80%的传统业务,做大做强保留的20%核心业务,成为与华为、爱立信并称为通信设备市场的三巨头之一,实现了公司利润的快速增长。不难发现,在诺基亚的变革过程中,关注核心社会期望不但没有过度消耗公司财富,反而为企业重生提供强劲的支持力量,最终实现商业与社会的双重价值。

我们可以从上述三种路径(见表1)的比较中发现,企业领导者要想实现企业商业和社会双重价值,必须充分理解并积极构建企业与其利益相关方间的共生关系。接下来,笔者将基于这一思路,具体阐述企业领导者应当强化和提升哪些关键能力(见表2)。

表1 企业创造社会价值的路径选择比较

	CSR 1.0	CSR 2.0	CSR 3.0
时间阶段	1990—2005年	2005—2015年	2015年至今
基本内涵	企业除了要履行经济责任,还应当履行法律责任、伦理责任和慈善责任	企业应当充分发挥自身核心能力和价值链竞争优势,满足利益相关方的期望	企业应当有效识别利益相关方的合理期望,并充分发挥优势,共同参与问题的解决过程
聚焦要点	内容形式	核心能力	共生关系

续表

	CSR 1.0	CSR 2.0	CSR 3.0
关键问题	企业可以开展哪些不同类型的社会责任活动	企业基于自身核心能力，可以主导哪些社会责任活动	企业基于核心利益相关方亟须达成的期望，匹配或创新自身能力，可以倡导哪些社会责任活动

表2　企业领导者平衡商业和社会价值应当具备的能力维度及关键问题

能力维度	关键问题
期望识别能力	哪些是企业的核心利益相关方？ 他们提出了哪些关键期望？ 企业的核心能力和竞争优势能够匹配回应哪些关键期望？
优势创新能力	如何将企业的核心能力和竞争优势转化为解决社会问题的关键资源？ 企业当前具备的核心能力和竞争优势存在哪些未来风险和局限？ 企业如何将社会关键期望适应、嵌入、转化为企业未来发展机遇？
联盟协同能力	哪些利益相关方是解决特定社会问题的重要合作伙伴？ 如何在解决社会问题的过程中，实现多方参与和价值共享？ 如何通过联合解决社会问题，嵌入更加丰富、可靠的社会生态系统？

创造双重价值的领导力

期望识别能力

企业领导者应当具备准确识别核心利益相关方的关键期望，并加以有效管理的能力。必须说明的是，这并不意味着企业领导者对其他利益相关方完全置之不理，而是有所侧重和聚焦。

不同企业面对的利益相关方千差万别，企业无法面面俱到地满足所有利益相关方的期望诉求。所以，领导者必须磨炼出一双慧眼，为自身企业识别出核心利益相关方的关键期望，并将其整合到企业的战略设计中。例如，对于一家知识密集型企业而言，高素质员工长期从事强负荷、高压力、快节奏的创新型工作，总是需要应对创意灵感和工作热情缺乏的低迷状态。当前，越来越多的科技型企业结合自身特点，为员工策划并实施企业志愿服务项目。通过参与社会服务，一方面员工排解了室内脑力工作带来的疲劳感，另一方面也满足了工作成就感和社会荣誉感等内心需求。研究结果显示，参与企业志愿服务的员工能够在日后更富活力地参与工作任务，而企业也能从中大大受益。那么，倘若这类企业选择大规模投资环境保护事业，一定可以为社会带来一些改变，但其产出的社会贡献就相对微弱，而且会为企业带来较大的经济效益负担。反过来，对一家高度依赖环境资源的加工型企业来说，环境保护原本就是一项关键指标。通过开展恰当的环境友好型责任项目，企业不仅能够优化声誉形象，拓展资源网络，还可能收获技术创新和业务变革。

优势创新能力

企业领导者必须转变原有的"创造社会价值是企业发展的一项额外负担"的观念，而将设计和实施社会责任项目，作为企业赢得利益相关方信任，了解社会新兴、真实需求，从而实现内部创业、创新变革、提升竞争优势的重要途径。因此，企业领导者应当充分了解企业当前能力优势和局限，进而在与核心利益相关方的互动中，发掘新机会，探索未来的发展战略。

例如，美国通用电气公司（GE）拥有强大的技术研发能力和集团产品组合优势，但在推动名为"绿色创想"（Ecomagination）的社会责任项目时，首席执行官杰夫·伊梅尔特（Jeffery Immelt）和其决策团队敏锐地看到客户对环保产品和解决方案的巨大需求。基于这一市场判断，通用电气大胆地尝试将盈利与节约能源相结合，抓准清洁能源技术等行业发展前沿趋势，不拘泥于原有产品系列的先进技术和经验，适时转换企业的投资焦点，成功地将"绿色创想"打造为通用电气的21世纪新兴利润增长点。根据公司2015年的报告，该项目的衍生创新产品所创造的销售收入增速约是公司总体收入增速的两倍，其商业与社会价值的平衡表现可见一斑。

联盟协同能力

企业领导者必须积极鼓励利益相关方高度投入和相互协同的能力。成功的社会责任项目往往无法仅依靠单个企业来完成，需要多个利益相关方的共同参与，形成基于社会问题解决的资源整合、能力升级，最终实现效果突破。

例如，广州白云山和记黄埔公司（以下简称"白云山和黄"）自2004年开始实施"家庭过期药品回收"项目，于2014年创造了"全球规模最大的家庭过期药品回收公益活动"吉尼斯世界纪录。值得关注的是，项目实施过程中，白云山和黄并非单兵作战,而是努力构建一张协作网络。具体而言,白云山和黄积极与各地药监等部门,联合开展多种过期药品回收活动,拓展区域影响力;联合媒体、其他药企共同推广药品回收理念;发挥政府部门的牵头作用,如与海口市对接创立全国第一个由政府部门倡导的"家庭过期药品回收机制";获得高校和第三方组织等支持,成功解决已回收药品的后期处理问题等。CEO李楚源认为,企业参与社会价值创造,不是简单地输出资源或能力给其他企业或个体,而是找准关键问题,依托自身核心能力,向所在的社会系统成员发起倡议,通过"集体获胜"的方式,解决社会难题,并实现企业自身与社会系统间的高度嵌入与融合。白云山和黄开展的许多看似纯粹成本投入的利益相关方联合行动,事实上,不仅全力帮助企业有效提升品牌声誉,赢得消费者、分销商、政府等重要利益相关方,还帮助企业提升产品销量和业绩。

总而言之,"平衡商业价值和社会价值"是一道企业战略设计难题,并已逐渐成为当代企业转型升级,实现可持续发展的重要指标。只有将利益相关方的关键期望纳入企业长期发展战略考量之中,把解决社会难题、创造社会价值作为企业突破既有思维框架,实现能力创新、业务升级的新兴方式,才能够真正实现商业与社会的双重价值,使得企业成为商业生态系统中的卓越公民。

8 内隐领导：领导者的暗器思维

江湖上的武林高手，都有一门看家暗器，如古龙笔下的梅花针、情人箭、孔雀翎等。这些暗器捉摸不透的隐蔽性和威力巨大的杀伤性，让武侠迷如醉如痴，也给漂在管理江湖的领导者一个提醒：领导者在与员工的博弈中，是否也可以打造自己的独门"暗器"呢？

对此，内隐领导理论给出肯定的回答。该理论认为，内隐领导是储存于领导者和追随者（如下属或员工）个体心目中关于领导者所应具备的特质和行为的认知结构或原型。这种认知结构或原型，是一种认知图式，往往处于意识的边缘，不会外显出来。但是，如果个体心目中的内隐领导在特定现实情境和任务中被激活，就有可能发挥出神奇的力量，会改善追随者的表现并最终提升组织绩效。

——李华晶 | 文

内隐领导是领导力中的"小李飞刀"

内隐领导的力量,像极了江湖盛传的神奇暗器——小李飞刀。古龙这样描述小李飞刀:"我一向很少写太神奇的武功,小李飞刀却是绝对神奇的。我从未描写这种刀的形状和长短,也从未描写过它是如何出手,如何练成的……事实上,他的刀也只能想象,无论谁都无法描写出来。因为他的刀本来就是个象征……是一种可以令人心振奋的力量。"

可惜的是,内隐领导认知图式,在领导者和追随者心目中,常常存在不一致的情况,这种偏差无法充分激活个体心目中的内隐领导,从而造成领导者无的放矢、追随者败兴而归的结局。

对此,可以借用网络上流行的"眼中体"来打个比方。例如,某位领导者心目中的领导原型是如来佛形象,而他的追随者心目中的领导原型是乔布斯形象。因此,无论这位领导者披什么袈裟,总是无法让他的追随者感受到"乔帮主"的魔力,甚至还有可能让追随者联想起唠唠叨叨的"唐师傅"。正所谓"画虎不成反类犬",领导者本想自己是"如来佛",却被员工笑谈为"唐三藏"。

但是,当特定的情境和任务出现,如领导者在恰当的场合穿对了那件黑色的T恤衫,追随者心目中的内隐领导就被有效激活,从而打通了领导者和追随者的内隐领导认知图式,"我的'乔帮主'可算出现了",进而调动追随者努力工作的积极性,甚至推动追随者去创造更好的业绩。

由此可见,内隐领导这门暗器,虽然是领导者掷出,但其功效是由领导者是否成功激活追随者心目中的内隐领导认知图式所决定。只有领导者打开了内隐于追随者心目中关于领导的认知图式，领导者基于自身认知图式所投出的内隐领导暗器，才有可能像小李飞刀一样，"出手一刀，例不虚发"。

杰克·韦尔奇曾说过与这套攻心逻辑类似的话："在成为领导之前，成功与否完全取决于你自己。但是当你成为一名领导，决定你是否成功的因素就变了。你的所作所为会影响你身边的每一个人。你所关心的不应该是你自己了，而应该是他们。"

内隐领导暗器的功力本源

追随者认知，善抄近路而非固守旧途

内隐领导理论缘起个体认知，而认知主义研究发现，个体的社会认知喜欢走捷径，不是对关于他人的所有信息进行感知，而是倾向于感知那些最明显、对形成判断最必要的信息。英国布里斯托大学（University of Bristol）的两位学者尼尔·麦克雷（Neil Macrae）和盖伦·博登豪森（Galen Bodenhausen）提出"认知经济性"（Cognitive Economy）的概念，他们指出，每个人都是一个认知节约者，总是本能地对他人进行分类，以便简化外部世界。

在总结上述规律的基础上，美国学者罗伯特·劳德（Robert Lord）等将认知思想引入组织管理背景，发展了内隐领导理论，强调个体会在心目中形成关于领导者特质和行为的假设和预期。同样，追随者也会对领导者进行分类，在心目中

框出某种领导原型,形成一套关于领导者的假设和预期条件,从而影响追随者自身的工作态度和行为。

彭蕾被称为马云战略决策最坚决的执行者。在她看来,"他(马云)很多事情我都不爽,也不是很看得惯,但我能够依然对他保持最初的尊敬和佩服。我知道他身上也有他的弱点,但是对于他的格局观和他的悟性,还有一些判断,还有一些他身上的魅力,还是令我很欣赏,发自内心的"。

在这段描述里,彭蕾对马云的认知,并没有固守那些"高大全"的领导者传统形象标准,而是自然地选取了让她感知最明显和最重要的信息,并据此做出自己的认知和行为判断。就像彭蕾所说,"我其实不是信他",就觉得"他跟团队在一起的时候,给大家那种精神上的刺激是非常吸引人的"。

领导者形象,内隐于心而非外显于形

领导者虽然站在明处,但是,产生功力的领导者形象,更多地内隐于心,而不是外显于形。为此,首先需要区分两种学习类型。一是外显学习,也就是个体可以有意识地觉察和控制自己的学习,通过实际数据和经验观察,以一定目的为导向做出努力。二是内隐学习,意味着个体在不知不觉中获得某种知识、学习了某种规则,是一种无意识、自动化的认知过程,个体的判断和行为会潜移默化地受到某种无法清晰回忆的经验的影响,但是个体意识层面却无法觉知和外显这些经验规则。

内隐领导理论认为,个体对领导者的内隐认知,是采用自陈式量表测度领导者出现误差的重要来源。换言之,通过自陈式方式直接考量出的领导,之所以不精确,根本原因在于外显学习特有的意识控制,会对测度的评估过程产生干扰,并忽视个体认知层面对领导原型的无意识加工信息。

一个极端的例子是,医学实验表明,失忆症患者虽然不能有意识地保持学习内容(如无法再次辨认出先前学习过的单词Table),但是,在为先前学习单词补笔(如给出先前学习单词Table其中三个字母Tab,然后让测试者补全缺失的字母)的测试中,却会对先前看到过的单词表现出与正常人一样的保持效果。科学家将这种记忆称为"内隐记忆",内隐领导正是个体大脑中对领导者所拥有的内隐记忆。

因此,追随者虽然没有深刻认识到自己拥有这种记忆,而且也不是有意识地提取这种记忆,但是,内隐领导发挥着实实在在的作用。据说,库克做出"此生至今所作过的最佳决定——加入苹果"只用了五分钟,在极其感性的乔布斯和冷静的库克"一见钟情"的背后,难道不是内隐领导在发挥作用吗?

激活内隐领导:需要捅破窗户纸

内隐领导具有无意识的倾向性,往往处于意识的边缘或者感觉阈限(Sensory Threshold)之下。感觉阈限作为心理物理学(Psychophysics)的术语,反映的是物理能量与心理体验之间的关系,是指在刺激情境下感觉经验产生与否的概念,通常用测量感觉系统感受性大小的指标来衡量,也就是用那些刚刚能引起感觉的刺激量来表示。

例如,一幅宣传画偶尔一次出现在你面前,你可能不会有感觉。但是，如果稍稍增加这幅宣传画的出现频率，当出现次数达到一定数量时，就会引起你的感觉反应。这个刚能引起感觉的最小刺激量就是一种感觉阈限。同样，内隐领导作为潜藏于心的认知图式，需要在一定情境下被激活，这样才能让个体对领导产生感觉经验。

但是，内隐领导的感觉阈限，并不是轻易就能够被明确的，内隐领导的激活，离不开特定现实情境和任务对感觉阈限的突破。埃隆·里夫·马斯克（Elon Reeve Musk）在因PayPal而跃入新贵阶层之后，没有像他的创业同伴彼得·蒂尔（Peter Thiel）一样，投身风险投资，而是把自己"膨胀爆炸的躁动的年轻意志，最终安放在了他童年的幻想与庇护所——浩瀚的外太空"，加入了被称为"太空极客"和"新太空资本家"的硅谷高科技亿万富翁俱乐部。这群人童年时都热爱科幻和太空探索，少年时目睹过阿波罗登月。不难相信，他们瞄向太空的创意，捅破了创业项目领导与以往经历体验之间的窗户纸，激活了内隐领导认知图式，个体对这种反应过程到底如何发生可能毫无意识，表现出的是一种本能的相应行为。

内隐领导暗器的招式要诀

观心：剖析追随者内隐领导认知图式

道家讲究"观心得道"，内隐领导也完全契合。内隐领导理论的开创性研究成果，在四十年前就指出，个体往往会运用大脑中储存的一套标准来评价领导者，既然领导要素存在于追随者大脑中，人们就应当去了解追随者的观点与想法。因此，领导者剖析追随者内隐领导的认知图式，是投掷暗器的第一步。

柳传志曾这样谈到自己和下属的急脾气："我以前在1984年创业的时候，有一个毛病，脾气急脾气大，一直延续了好几年。在90年代初的时候，有一次我看到我下边的年轻人跟他的下级发脾气，说话相当刺激，给我很大的反感，后来我问他你为什么要这样呢，他说柳总你也有脾气，我觉得是魅力的表现。听了以后，真的是从侧面给自己一个镜子。我以后就控制自己不再发脾气，人只要有一个更高的目标，根据这个目标改自己，我想学习能力强的人都能做得到的（现在在外人眼中）和蔼可亲、老成持重大概就是这样来的。"

无独有偶，1990年刚刚成为高盛公司首席执行官的鲍勃·鲁宾，也有类似的经历。他在上任满一周时，查看公司账目，发现有一大笔黄金上的投资。于是问属下为什么会投资黄金？结果得到的回答是"因为您，先生"。"我？"他迷惑了。随即他意识到，显然是因为头一天他在交易所视察时说的一句话"黄金看起来有点意思"，造成了"鲁宾喜欢黄金"的认识，然后就有人花了几百万美元来讨他的欢心。

化形：启动内隐领导影响力

小李飞刀威力的发挥虽源于内功，但依然需要外化为一把刀。古龙描绘小李飞刀，"长三寸七分，薄如蝉翼，是京城铁匠花两个时辰打造出来的"。同样，把潜藏于心的认知图式，转化为产生实际效果的领导力量，也是内隐领导的应有之义。

不过，内隐领导并不是想当然地就带来积极效果，也存在钝化的可能。美国宾夕法尼亚大学和康奈尔大学的詹妮弗·克什-格法特（Jennifer Kish-Gephart）和詹姆斯·迪特（James Detert）等学者的研究指出，人类对挑战权威的惧怕和担忧是生物进化和社会化的结果，内隐认知来源于一般性的、社会性的观念，并不一定源于实际的工作经历。换言之，生物进化以及社会化对内隐领导的影响，可能远远超出个体当前的组织以及工作中与领导的关系。因此，为了适应具有威胁的社会和组织环境，个体的认知系统会发展并形成大量避免自身伤害和资源损耗的内容，如"领导不喜欢受到下级的质疑和否定，所以沉默是最安全的"。

美国两位学者在调研美国一家顶尖高科技企业时发现，高达50%的受访者在讲出工作中的问题时会感到不舒服，而这一结果大大出乎公司高层领导的意料，他们一度认为公司成功营造了倡导员工建言和分享信息的文化。

因此，内隐领导的影响力，是对这种"沉默"的杀伤力，更是对"建言"的助推力。被誉为"第一位成功职业经理人"的阿尔弗雷德·斯隆（Alfred P. Sloan）开创了"争议决策"模式，杜绝没有异议的讨论，非常善于倾听他人意见，为了避免个人好恶影响企业经营决策，他故意把自己孤立起来，而不与其他主管建立个人联系，即便他本人交友广泛。

回型：建立双向反馈机制

其实，与内隐领导形影不离的还有一个概念——内隐追随。它是把内隐领导理论的研究思路与方法迁移至追随研究领域,探查领导者和追随者对追随者特质与行为的期望。例如,领导者往往会根据自身固有的一套标准来评估下属的追随力,如果这套固有标准与下属的实际追随力有偏差,就会导致领导者对追随者的评价难以精准。

Facebook公司首席运营官谢丽尔·桑德伯格(Sheryl Sandberg),专门介绍过她和公司创始人兼首席执行官马克·艾略特·扎克伯格(Mark Elliot Zuckerberg)之间的反馈机制。"我知道决定我工作绩效的最重要的因素是我与扎克伯格的关系。当我刚加入Facebook公司时,我就让他做出承诺,每星期都要给我工作反馈,这样任何困扰他的事情都可以尽快讨论。他不仅爽快地答应了,并且立即说他也希望我也对他做反馈。在最初的几年当中,我们都坚持这样的惯例,每周五下午见面谈论我们所关心的事情,事无巨细。几年下来,分享真实的意见已经成为我们关系当中很自然的一部分,我们现在随时会这么做,而不必再等到周五了。从自己老板那里获得反馈很重要,但是从自己下属那里获得反馈同样至关重要。这绝非易事,因为员工总是太过于渴望取悦他们的上司,而不去批评或质疑他们的上司。""我深信只有你和你的同事并肩作战,只有当你不仅指挥而且聆听时,你才能成为最好的领导。"

希腊学者奥加·艾匹特洛帕基(Olga Epitropaki)和英国学者托马斯·赛(Thomas Sy)等的研究发现,依据认知分类模型,个体会将头脑中被激活的内隐原型与实际影响力进行匹配,从而形成对领导者/追随者与非领导者/追随者、有效领导者/追随者与无效领导者/追随者的区分和判断。如果匹配失败,那么内隐原型将被重新归类或定义;假使匹配成功,内隐原型将直接影响个体对待领导者/追随者的态度与行为。因此,内隐领导需要与内隐追随相对接,让内隐领导不是一个单向的施动路线,而是形成回路的反馈机制。

领导者的内隐暗器与追随者的隐形翅膀

内隐领导虽然可以当作暗器,但是,目的却并非伤害对方,而是打破束缚追随者隐形翅膀的枷锁,让领导者和追随者实现互动,最终带来组织绩效的提升和事业的发展。

需要注意的是,文化因素已经被证实为内隐领导的重要影响因素,所以,中国情境下的内隐领导问题,就必须关注中国古代数千年封建制度和等级文化的影响,以及中国的组织领导者和追随者与西方人在认知图式上的差异。例如,已有跨文化研究表明,不同国家的文化赋予了领导原型不同的特征,因此,内隐领导的理论研究和实践探索,需要扎根于博大精深的中华优秀传统文化。

民间流传一句话,"小隐隐于野,中隐隐于市,大隐隐于朝"。这里的隐,与内隐领导的隐,具有异曲同工之妙。内隐,不是指形式上的隐匿,而是领导力像暗器一般,在不知不觉、亦真亦幻之间,让领导者和追随者"走心",并最终实现"齐心协力"。

9 变革领导力应终结"英雄史观"

变革领导力应该在领导行为中强调组织成员的主观能动性,强调在大的业务场景中注重被领导者的参与,把组织绩效看成双方互动的结果。

——宁向东 | 文

缘何陷入变革困境

胡董事长的公司已经多年"发展无力",处于停滞状态。虽然处于一个竞争充分的碎片行业,但胡董事长认为公司在行业中具备一定的竞争力,公司发展停滞的主要原因在于执行力不足。但要改造现有团队的执行力,靠他自己和创业元老很难做到。于是,他花重金请来了职业经理人。

职业经理人在和胡董事长充分沟通之后,在公司下一个业务旺季到来之前,导入了一套新的业务考核体系和激励体系。与旧体系相比,这个新体系的主要变化在于以实现公司突破性增长和业务目标为前提。为了增强公司上下对变革决策的认同感,在新体系即将推出之际,公司专门组织相关领导力、变革管理和执行力方面的培训。

然而,谁也没想到,三个月后员工的消极对抗行为越来越明显,几位中层骨干先后提出离职,元老也纷纷对职业经理人的"变革行为"提出疑问。

上述陷入变革困境的企业在中国并不少见。在深入调查上述企业的变革过程之后,我们发现,企业变革出现这一类现象的原因主要集中在以下三个方面。

痴迷"英雄式领导"。胡董事长是一位深深痴迷"英雄式领导"的人,例如,他在公司言必称"华为"和"华为基本法"。他认为公司突破现有发展停滞的关键,是需要一位拥有强大领导力的核心领导者。他把变革的成功,寄托于聘请一位符合他需求的职业经理人。事实似乎如此,这位职业经理人在咨询公司工作多年,有过空降兵的经历,编制的变革方案也甚合胡董事长之意。

忽视中层干部的参与。公司在变革设计的过程中,严重忽视中层干部的参与,很多想法都是胡董事长和职业经理人私下沟通确定。编制的变革方案虽然与个别元老有过沟通和相关意见征求,但需要重点参与变革管理执行的中层干部只是在培训项目开始时,才知晓变革的某些细节。

过于依赖主要干部的"执行力"。变革方案的设计,过于依赖主要干部的"执行力"和他们对下属的"领导行为"。在胡董事长和职业经理人看来,这两者就是一回事。所以,在培训中还专门安排了领导力课程。

然而,在方案执行了几个月、公司业绩出现巨大突破之后,胡董事长和职业经理人都没有意识到,他们主导的变革之所以陷入领导力困境,在于他们的这场变革从根本上忽视了组织成员的作用,没有认识到组织效能的产生机制。

管理学界也存在与上述案例类似的忽视。尽管现今有关变革和领导力的文章汗牛充栋,但一个误区就是把领导力外生化。

笔者认为,变革领导的本质是一种平衡的能力。即,把领导力因素内生化,由此重新梳理领导者行为与组织效能的关系。

"英雄史观"领导力缘何崛起

从某种意义上说,"变革领导"和"领导力"在本质上是一回事。组织的进步就是变革,领导者每天的工作,都是在进行变革,差别在于变革的幅度。领导者之所以要施加超越"岗位权力"的影响力,是因为要让变革进行得更有效和顺畅。

领导力概念的彰显,是基于组织变革的管理实践。科特(Kotter)教授在其中扮演了非常重要的角色,他关于"权力"与"影响力"的界定,以及"领导"与"管理"的二元论区分,都是在领导变革的背景下做出的。

在这一方面,梅约(Mayo)和诺瑞亚(Nohria)则走得更远。在他们的语境中,领导和变革之间的关联关系更被推向极致。他们对于"伟大的商业领导者"这样定义:领导者既不同于创业家,也不同于典型的管理者,从根本上而言是由于他们是"改革和变化进程的推进者"。

然而,这个传统及其语境很容易引发误解。很多企业精英或社会公众都倾向于,领导者可以超越组织成员的行为基础而独立存在。他们可以凭借一己之力和下属的执行力,来获得变革的成功,获得组织绩效。这是一种典型的领导力简化思维套路。

悲哀的是,最近几十年,大多数企业管理中的领导力实践,都是在这一套路的背景下展开的,领导者被看作带来组织效能改善的、纯粹的外生力量。这种"英雄主义"的领导力观念,由于有一定数量的案例来做背书,越来越公理化。

这种观念所带来的重大问题,就是忽略了组织成员的作用,忽略了领导者的行动必须通过组织成员这一中间变量的作用,才能达成组织绩效这一基本事实。

最近二十年,领导者的"情境能力"因素被无限放大,似乎只要能够捕捉蕴含在商业空间中的机会窗口,只要他们的下属有足够的执行力,优秀的"领导者"就可以达成组织变革和目标。很多组织中存在的问题,也常常被咨询公司归结为"中层干部缺少领导力,员工缺少执行力"。这种判断最大程度地迎合了领导者的英雄情结,掩盖了组织成员内在动力机制被忽视的真相,让问题的解决方向更加南辕北辙。

对领导者的"组织能力"方面的研究缺失和推广不足,并非没有先见之明。塞特和马奇、卡梅伦和奎因等从不同角度揭示了这一问题。但与"英雄史观"领导力相比,这种更加强调"群众史观"的东西,也许由于缺少宏大故事的支持,一直被放置一边。从某种意义上说,大众更愿意仿制一个神话,而不愿意精心修改自己的剧本。

领导力与组织效能:一个框架

图1是领导力与组织效能的逻辑框架。该框架基于组织理论的传统,加入了领导力视角,来解析"领导者如何通过组织成员的行为变化来刺激组织效能"的基本逻辑关系。至于领导力的情境能力,及其与组织成员之间的反馈通路,在这个框架中没有涉及。

值得强调的是,这个框架模型的基本前提是"员工并非领导者的奴隶"。

在当下的企业管理实践中,很多领导者管理观念的底层逻辑是把组织成员或者被管理者看作"奴隶"。这种"奴隶观"虽不见于组织的正式制度中,却深深隐藏于某些领导者的

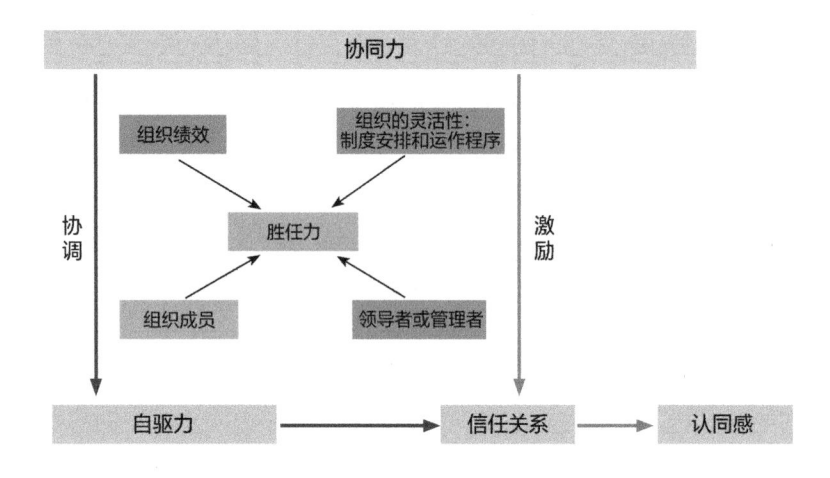

图1 领导力与组织效能模型

思考过程中。"不换脑袋就换人"之类的说法，就是这种观念的反映。在"奴隶观"的情境中，组织成员的想法和动作，被排斥在领导者的指挥动作和组织绩效的逻辑之外。

领导力与组织效能模型强化并放大了组织成员的角色。在领导力与组织效能模型中，领导者的能力主要体现在三个方面，依次是居中的识别成员"胜任力"，右边的"激励"线索，以及左边的"协调"线索。"激励"和"协调"是经济学中两个基石性的概念，它们也是思考"组织绩效"问题的关键。在米尔格罗姆和罗伯茨的经典著作中，这三条线索的逻辑被展示得非常清楚，但在实践中被极大地忽视了。

在变革领导力中，识别和配置资源是领导者追求组织绩效的最重要的能力。在一个组织中，有胜任力的成员，才可以被称为"资源"。人力资源管理的核心任务，不是简单地招募和培训，而是要识别哪些成员是真正的"资源"，并基于他们的独特能力和参与意愿进行配置。这也就是为什么有胜任力的人力资源管理者，需要越来越熟悉业务。这一点，在互联网等技术含量比较高的公司中，苗头已经越来越明显。所以，领导者的关键任务，是要基于胜任能力来追求资源的合理配置，防止错配。如图1所示，选择有创新性、有胜任力的组织成员，是领导者追求组织绩效的关键动作。

建立有效的激励机制，是领导者追求组织绩效的第二个关键能力。有效的激励机制包括从被动的、基于物质刺激的外在激励，和创造性、有内驱力的自我激励两个部分。激励强度很大程度上依赖于组织成员对于组织目标的认同感。所以，目标认同是自驱力的前导指标。领导者展现愿景，以及打造组织目标的能力，是领导力的关键部分。这一点在组织激烈变革时期尤为重要。在不确定的竞争环境中，这个环节的信息流是双向的。组织绩效不仅依赖领导者的情境能力和决策，组织成员的判断能力和参与意愿对组织绩效也有重要影响。个体目标认同越差的组织，其成员参与度越低，导致组织的执行力不足，战略适应性很弱。

领导者追求组织绩效的第三个关键能力与"协调"有关。在所有组织中，协调成本都是管理成本最重要的部分。而协调问题的解决，一是要依靠组织内部的行为操守、流程标准等规章，以及考核指标之类的诊断性指标来实现；二是要依靠组织的软性部分，如通过建立信任关系，以及由此产生的更多的成员协同行为来实现。在科特的语境里，后者其实就是领导者不同于一般管理者的部分。

组织成员的行为缘何对变革如此重要

所有的组织成员都是在组织中工作的，领导者也是如此。领导者并不是以个人的身份，而是以组织领导者的身份进行管理组织工作。所以，他不能超越组织成员的行为逻辑施展他的情境能力。无论是对于全局的领导者，还是局部的领导者，都是如此。认识到这一点非常重要：领导者必须借助组织成员的行为获得组织业绩。

在领导力与组织效能模型框架中，组织成员的行为通过认同感、自驱力、信任关系、协同力和胜任力五个方面来刻画。正如前文已经提到的，持久的自驱力来自对组织目标的认同程度；成员间的协同力来自对组织及彼此之间的信任程度。而胜任力是人力资源的基本属性，但胜任程度则受到自驱力和协调关系等四个方面的影响，最终反映出胜任的程度。

认同感。个人目标和组织目标具有一致性，是认同感的来源。一致性包括短期的一致性和长期的一致性，领导者必须把握和调整这种一致性。他的任务是要不断地让组织的多数成员意识到实现组织目标是实现个人目标的前提，并且不断地把个人目标中有益于组织的部分纳入组织目标或愿景。

创造一致性的最常见方式，是业绩考核和恰当的报酬体系。但是，组织成功在很多时候可以为成员带来个体所需要的声誉，为他们创造将来获取新岗位的训练和品牌积累，以及自我实现的成就感,这些内容常常为领导者忽视。由于"跳槽"是领导者不希望看到的,而创造后一类的一致性又伴随着巨大的时间投入,所以,很多领导者往往回避这一类工作。

然而,当组织成员认同组织目标的时候,它事实上就具备了让组织成员产生自驱力的基础。自驱力是变革中最重要的部分——创新性工作的基础,也是寻求与同事(包括跨部门同事)建立合作关系的基础,进而是共同完成变革目标的前提。所以,它应该成为领导力的重要部分。

自驱力。自驱力是创造性地完成组织目标的个体基础,也是企业活力的体现。组织包含足够多的创新性工作,是组织业绩的重要衡量标准。自驱力较强的团队成员,更容易和组织内部的其他成员进行建设性讨论,从而增加组织效能。

一些研究者认为,领导者为了让组织成员拥有更大的自驱力,应更加强调授权,并营造包容失败的环境。很多变革活动(包括追求更高的业绩目标)之所以失败,就是因为组织成员的自驱力不足。缺乏执行力,在很多时候,其实就是没有创造出组织成员自驱的动力。

当然,自驱力过强也会带来混乱甚至负面的组织业绩。如果自驱力是基于个人愿景和个体目标的,组织成员不能平衡个人行为与组织目标之间的关系,会导致组织资源的滥用。在前面的案例中,有一个基层团队表现非凡。究其原因,是其主管干部在其所控制的小组织内部充分展现了领导力,利用变革所提供的资源成为内部创业家。但令胡董事长非常担心的是,如果处理不好,这个团队会发生某种形式的"哗变"。

信任关系。员工对于组织的信任,可以建立在组织先前的业绩基础上,也可以完全建立在领导者个人魅力的基础上。有些时候,员工也许会因为看到核心团队(包括部门或基层的核心团队)的团结状况,以及他所欣赏的工作氛围而产生信任。

员工的信任包括纵向的、自下向上的信任,以及员工之间的、横向的信任。横向的信任关系更多的是安全的需要,以及个体合作的需要。这种关系的存在,常常始于商讨与工作或生活相关的事务,具有社会关系的属性。纵向的信任关系往往始于对上级领导者个人的信任,这种信任关系对于组织更加重要,因为上级领导者更多地代表着整个组织。所以,纵向的信任关系可以直接促使员工对组织产生信任。

基于纵向关系建立起来的信任,很多时候会催生出更多的横向信任关系。在一个组织中,这类信任关系越多、密度越大,组织的黏性就越强,组织效能往往比较高。

协同力。信任是协同力的基础。没有信任,协同关系的建立往往需要正式的制度安排。而在持续发展,或者变动幅度比较大的组织,制度安排常常是易变的。这样,就无法建立长期持久的协同,也无法维系组织成员始终保持与同事合作的策略。

影响协同力的另外一个因素是自驱力。在一个被变革愿景充分激发、充满自驱力的组织中,非正式的合作可能是一种常态。但是,由于这一类工作的结果常常是不确定的,所以,很多组织成员间的合作,特别是跨部门成员间的持续合作,就需要依赖成员之间的信任关系。这种信任关系如果来源于对组织、对核心领导人的信任,就会更加牢固。这一点,在面对失败风险的时候,尤为重要。

当然,合作的达成在很多时候需要非常强的沟通能力。除了信任基础之外,合作的双方都应该通过清晰的表述、商讨和倾听,来理解对方的意图,进而争取对方愿意投入较多的资源,共同追求完全不确定的组织目标。在这个方面,领导者必须给予足够的关注,并在制度硬件上不断增强组织的包容性和适应性。

胜任力。胜任力包括工作能力的胜任和工作态度的胜任。其中,能力胜任是基础。现代组织中的所有岗位,都是社会分工以及在分工基础上不断进化的结果。所以,组织绩效的前提就是组织成员必须胜任其工作岗位,包括能力胜任和态度胜任。深入调研本文案例发现,职业经理人之所以遭遇反弹,很重要的一个原因就是他在做变革计划时,对主要干部的胜任力缺乏把握。最先抗议并引发连锁反应的,就是能力胜任但态度不胜任的一位元老。

胜任是组织绩效的必要条件,没有足够的、能力胜任的组织成员,取得组织绩效是不可能的。所以,组织成员的能力胜任度,决定了变革的基本进度。态度胜任与变革发动的环境塑造有关。科特认为,提前营造变革情境,是领导者在变革时期的主要任务。这就是为什么有效的变革,常常被概括为文化的变革。在合适的文化背景下,个人会根据组织效能来调整自己的工作态度,进而充分发挥自己所储备的专业能力。

不断建立变革平衡

基于本文开头的案例研究，领导力与组织效能模型是对领导力绝对外生化趋势的一种矫正。通过结合领导力和组织成员行为，来思考组织绩效改善的作用机制，或者更有助于领导者理解自己在变革过程中的角色和作用机制。这也是对"英雄史观"领导模式的修正。

不可否认，现今绝大多数有关领导力的讨论，都是基于"英雄史观"的。庞大的英雄史观、简陋的群众史观，是很多人思考领导问题、思考管理变革时的一种习惯思维。在这种思维的支配下，领导者片面地把组织变革和组织进步归结为个体的英明决断，忽视了组织成员的作用。特别是在激进变革的过程中，人们会格外期待一种英雄力量，似乎有了一个英明领导，有了一个见过大世面的"空降兵"，变革的组织效能就会产生。

本文的模型在一定程度上还原了真相。领导者的作用，一定要通过组织成员的执行才能对组织效能施加影响。而在这个过程中，领导力是一种保持平衡的能力。这种平衡体现在以下两个方面。

首先，领导者要注意变革与秩序之间的平衡，善于在变革中保持秩序，在保持秩序的过程中激发变革。

对任何组织来说，保持必要的秩序是头等重要的事情。因为秩序意味着一种稳态，哪怕这种稳态是暂时的，它也可以让组织成员处于一种可以预期未来的状态，可以带来必要的安全感。当然，安全感会带来惰性，会形成进一步变革的阻力。所以，领导者要在有秩序的情况下，寻求并激发更进一步的变革。"温水煮青蛙"常被用来形容组织效能退化的过程。其实，这句话也可以用来描述正向的变革过程。善于在温水里面推进变革，让"变化"隐含在"不变"的状态中，是很高的变革境界。

其次，领导者要在不确定的环境下，追求个人意志和成员共识之间的平衡，要善于在愿景中形成共识，在共识中完善愿景。

在当下的市场环境中，变革不仅意味着组织内部的不安定和不可预期，还意味着不确定的市场环境，以及在不断变化的环境中如何探求到可供组织使用的竞争策略。不同的组织成员因其视角和信息的不同，判断是有差异的，对于组织目标的认知也各不相同。在很多时候，商业行动的目标是模糊的，关于正确方向的信息分散在行动过程中，分散在某些组织成员的认知中。所以，领导者必须明确地认识到：个人意志并非组织愿景，组织成员愿意投身于其中的目标并非只来自领导者个人的情境智能。

总结

其实，领导力研究从最开始就并不排斥组织成员的作用。在经典的《领袖论》中，伯恩斯在扉页上引用了三位领导者的名言，其中有一句就是："群众的自愿，由群众自己下决心，而不是由我们代替群众下决心……这就是领导艺术的基本方法。"这体现了领导力领域的经典观念。

"英雄史观"的变革领导力早就到了该终结的时候。当变革管理陷入困境时，领导者不能简单地认为问题都出在领导力和执行力上，而应该在领导行为中强调组织成员的主观能动性，强调在大的业务场景中注重被领导者的参与，把组织效能看成双方互动的结果。